勉強する気はなぜ起こらないのか

外山美樹 Toyama Miki

★──ちくまプリマー新書
373

目次 ＊ Contents

イラスト　たむらかずみ

はじめに

この本を手に取っているあなたは、やる気の問題に興味・関心があるのだと思います。あなた自身がやる気に対する悩みを抱えているのかもしれませんね。それは、「勉強する気がまったく出てこない」、「やる気はあるのだけれど、すぐにそのやる気がそがれてしまう」……といったところでしょうか。もしかすると「自分はもともとやる気の低い人間なのだ」とあきらめの境地にいる人もいるかもしれません。

この本を手に取って読もうとしているということは、なんとかやる気を手に入れる方法はないのかと考えているのだと思います。やる気について知りたいと思っているあなたは、その目標を半分は達成しているかもしれません。まずは、「知りたい」と思うことがとても大切なのです。

さて、やる気を高めることはなかなか難しいですよね。やる気は、何もしないで突然わき上がってくるものではありません。やる気に対する悩みは、古今東西、老若男女が抱えるものでしょう。そう、「やる気が出ないな〜」と悩んでいるのはあなただけではなく、人類に共通するのです。

それでも、やる気に満ち溢《あふ》れて、精力的にがんばっているように見える人はいますよね。そういった人は、やる気の程度があなたと違うのではなく、やる気が出ない時に、それをコントロールするのがちょっぴり上手なんだと私は思っています。

読者のみなさんには、やる気が出るのをぼんやりと待つのではなく、自分でやる気をコントロールできる人になってほしいと願って、この本を書きました。自身の心の持ちようなど、ちょっとしたことでやる気は劇的に変わるのです！

この本では、心理学の知見を踏まえて、やる気のメカニズムを紹介していきます。やる気を自分でコントロールできるようになるためには、その正体をきちんと理解する必要があります。ところどころ、小難しい心理学の理論も出てくるのですが、なるべくわかりやすく説明するように心がけました。また、心理学の実験で明らかになった意外で驚く発見についても多く触れるようにしました。

みなさんは、やる気についてその正体をきちんと理解して、やる気に左右される人生を送るのではなく、やる気を手なずける人生を送ってください。この本を読むと、きっとそれができるはずです。やる気のメカニズムを理解して、やる気をコントロールする術を身につけると、今よりももっと、人生に彩りが生まれてくるのではないかと私は思っています。

この本を書くにあたっては、企画の段階から、筑摩書房の橋本陽介さんに大変お世話になりました。まず、最初に心よりお礼を申し上げたいと思います。原稿を書くやる気がどこかに飛んでいってしまうこともあったのですが、そんな時、橋本さんは私のやる気を取り戻してくれる強力なサポーターでした。やる気を高めるためには、時には個人の力では限界があり、まわりからのサポートが重要になってくることを痛感したものです。橋本さんの温かくそして適切なサポートがなければ、スムーズにこの本を世に送り出すことはできなかったと思います。この本は、橋本さんとの共同作業の結果であると思っています。

最後になりましたが、私のやる気のもっとも大きな原動力となっている、もうすぐ中学生になる愛娘に本書を捧《ささ》げます。

二〇二〇年一二月

外山美樹

第一章　やる気は内からわくのか、外からくるのか

やる気からイメージされるもの

「夜更かししたから、なんかやる気がでないんだよね」

「志望大学を決めたからやる気になってきた！」

「今日は勉強する気がしないなあ」

「新入部員が来たから、部活へのモチベーションがあがってきた」


右の文章のような話は日常でよく耳にします。「する気」だったり、「モチベーション」だったり、表現に少し違いがありますが、どれも「やる気」が出る、出ないについて話されているものです。

では、そもそもこの「やる気」とはどういったものなのでしょうか？　そこからイメージされるものを考えてみましょう。

「エネルギーみたいなもの」、「元気の源」、「体の内部に秘めている力」……このように答えたあなたは、なかなか、いい線をいっています。

まず、この第一章では、心理学のこれまでの研究をもとにして、この「やる気」の正体についてみていくことにします。なお、「やる気」や「意欲」は、心理学の学術用語では「動機づけ」といいますが、「動機づけ」はみなさんにとってはなじみのない言葉だと思いますので、なるべく使わないようにします。ご安心ください。

なぜ「掃除するルンバ」にやる気があると思わないのか

一心不乱に勉強している人を見ると、「あの人はやる気のある人だなぁ」と思うことはありますが、ブウンブウンと音を立てて一心不乱に掃除しているルンバを見ても、「あのルンバはやる気があるなぁ」とは感じないでしょう。

不思議な気がしますが、なぜこのように人とルンバに対して異なった感情が芽生えるのでしょうか。

それは動くための力のありかが違うことを知っているからです。

ルンバが動くことができるのは、ルンバの内部からの力ではなく、外部からの力、すなわち、電力によって動力を得ているからです。

ルンバに限らず機械が動くためには、外部から電力やガソリンなどの物理的な力が供給される必要があります。その力を得た後に、スイッチをいれると動き出します。それに比べて、人間は外部による力で動くことはあまりありません。むしろ、人間（やある種の動物）は、内部からのやる気によって自ら行動を起こします。

そのように考えると、「やる気」とは、人間の内部に存在している力のことだということがわかります。もう少し説明を加えると、「やる気」とは、ある行動を引き起こし、その行動を持続させ、結果として一定の方向に導く心理的過程のことだといえるでしょう。

ちょっと難しく感じたかもしれませんね。それではみなさんに身近な勉強を例にやる気を説明してみましょう。「やる気」とは、「勉強する」という行動を引き起こして、「勉強する」という行動を持続させ、結果として、成績が向上するような過程であると考えられます。少しはわかりやすくなったのではないでしょうか。

つまり、ある行動を引き起こして、それを持続させる源（力）が「やる気」なのです。一般的には「やる気スイッチ」などというように、行動を引き起こすことに重点がおかれがちですが、持続させる力という点もあることに注意しましょう。

ただし、「やる気」は、勉強や運動に対してだけ使うものではありません。お母さんの手伝いをすることだったり、部屋を整理整頓することだったり、ゲームをすることだったりと、すべての行動を引き起こす源のことをいいます。

ところで、みなさんは、フランスで活躍した教育哲学者のルソーをご存じですか？フランス革命にも多大な影響を及ぼしたルソーですが、『社会契約論』、『人間不平等起源論』など、数多くの著作が残されています。ただの理論にとどまらない多感さを反映した『エミール』などは、現代でも多くの人に読まれています。

そのルソーの言葉に「生きることは呼吸することではない。行動することである」というものがあります。私はその言葉が大好きなのですが、行動を引き起こす源と考えられている「やる気」は、生きるための源と考えてもよいのかもしれませんね。

あなたはなぜ勉強するのかを考えよう

やる気とは、簡単にいうと「行動を引き起こす源」のことである、とお話ししました。では、ここでまた、読者のみなさんに質問です。行動を引き起こす源、言い換えると、行動の理由には、どのようなものがあるのでしょうか？

行動する理由と言われても、ちょっとわかりにくいと思いますので、ここではとりあえず、先ほどのように勉強を例にして「勉強する理由」について、考えてみましょう。ただし、先にも述べましたが、やる気や行動は、勉強に対してだけあてはまるものではありません。

さて、なぜ、あなたは勉強するのでしょうか。普段は、勉強する理由なんて特に考えもせずに勉強しているのかもしれませんが、ここでよーく考えてみてください。

「そこに学問があるから！」なんてかっこよく答える人はいないと思いますが、勉強する理由は人によって異なり、さまざまなものがあります。

勉強する理由なんて、突然そんなことをいわれても困ると思っている人は、以下に、よくある「勉強する理由」を一〇個列記しましたので、あなたが勉強する理由として、最も近いものを一つ選んでみてください。複数当てはまる場合には、複数選んでもらっても構いません。

「勉強する理由」

①面白くて楽しいから
②新しいことを知りたいから
③先生や親に叱られるから
④先生や親に褒められるから
⑤勉強ができないと恥ずかしいから
⑥良い成績をとりたいから

⑦自分の夢や目標のために必要だから
⑧良い高校や大学に入りたいから
⑨自分の能力を高めたいから
⑩知識を得ることで幸せになれるから

選ぶことができましたか？　この勉強する理由については、次からの説明とこの章の後半でも登場しますので、選んだものに◯などをつけて、覚えておいてくださいね。どんな理由でも「やる気」を理解するうえでは違いはありませんので、自由に選んでもらって大丈夫です。

やる気をめぐる内と外

勉強する理由について考えてもらったので、行動する理由へのイメージもわいてきたのではないでしょうか。この「行動する理由」が「やる気は、一体どこからやってくるのか」のヒントになります。

冒頭のルンバの説明では、外からの力で動くものには「やる気」を感じないと単純化して話しましたが、実は、やる気には、「外から与えられるやる気」もあります。そのため、「内からわき出るやる気」と「外から与えられるやる気」の二つに大きく分けられます。心理学の学術用語では、それぞれ「内発的動機づけ」と「外発的動機づけ」といいます。

「内からわき出るやる気」（以後、「内からのやる気」ということにします）とは、行動自体が目的となっているやる気、つまり、自分の行動の理由が好奇心や興味・関心から生じている状態のことをいいます。

ゲームに夢中になっている子どもたちの多くは、ゲームが楽しくてゲームをしている（一般化するとその行動に従事している）のであって、何も、将来、ゲームに関わる職業に就きたいからでも、誰かに褒められたいからでもありません。

このように、内からのやる気に基づいた行動は、行動そのものが目的となっており、他に何か目的があって行動しているわけではありません。まさに「やりたいからやる」

というもの。その根底には、面白いから、楽しいからやるといった、その活動に対する興味・関心があります。

新しいことを知りたいから勉強をしている、あるいは、楽しいから、好きだから勉強をしているみなさんは、内からのやる気に基づいて勉強している（行動している）ことになります。

一方、「外から与えられるやる気」（以後、「外からのやる気」ということにします）は、自分の行動が外部（他人や環境）からの報酬や罰、命令、義務によって生じている状態です。

たとえば、良い成績をとって親に褒められたいから勉強をしたり、親に叱られるのが嫌だからしぶしぶお手伝いをするといった、アメ（報酬）とムチ（罰）に基づく行動がこれにあたります。義務と命令による「やる気」というと違和感があるかもしれませんが、心理学ではこれらも動機づけという文脈では「やる気」と捉えます。

外からのやる気に基づいた行動は、何らかの目的を達成するための手段であるといえます。「〇〇をしたいから△△する」、あるいは「〇〇をしたくないから△△する」というもので、ここでは○○をする（しない）が目的、△△するが手段となります。

　では、内からのやる気と外からのやる気の違いはどこにあるのでしょうか？

それは、内からのやる気では、行動をすることが目的であり（簡単にいうと、「やりたいからやる！」）、外からのやる気では、行動をすることが手段である点です（「○○したいからやる」、「○○したくないからやる」）。言い換えれば、「目的―手段」の観点から、やる気を分類しているのです。

　では、ここで、先に出てきました「勉強する理由」一〇個をあらためて眺めてみてください。それらが、内からのやる気に基づくものであるか、それとも外からのやる気に基づくものなのかを分類してみましょう。

　分類することができましたか？

　もう一度説明しておきますと、勉強することが目的である場合が、内からのやる気で、勉強することが手段である場合が、外からのやる気になります。

　この「目的―手段」の観点から勉強する理由を分類すると、①の〝面白くて楽しいから〟と②の〝新しいことを知りたいから〟が内からのやる気に基づくもので、それ以外の八つ（③から⑩）はすべて、外からのやる気に基づくものになります。

さて、あなたが勉強する理由は、内からのやる気に基づくものでしたか、それとも、外からのやる気に基づくものでしたか？　この勉強に対するやる気の対処法については、この章の最後にあらためてアドバイスをします。

やる気は外からの力でしか生まれないという誤解

それでは、内からのやる気と外からのやる気、どちらが心理学のなかで先に見いだされたのでしょうか。

答えは外からのやる気です。やる気といえば内からというイメージがある読者のみなさんには、意外な感じがするかもしれませんね。

実は、人間（やある種の動物）に内からのやる気が存在することが広く認められたのは、一九七〇年代に入ってからになります。中高生の読者のみなさんにとっては昔のことと感じるかもしれませんが、心理学の歴史からいえば割と最近のことといえるでしょう。それまでは、人間が行動を起こすのは、すべて、外からの働きかけによると考えられていたのです。

一九五〇年代まで、心理学の世界は、行動主義心理学と呼ばれる心理学が主流で、動物を対象にした実験によって行動について研究していました。行動主義心理学というのは、人間や動物の意識や動機、感情を考慮せずに、目に見える行動だけに着目した心理学のことをいいます。

行動主義心理学の基本的な理論に、オペラント条件づけというものがあります。これは、動物（人間）がたまたま何か行動した直後に、報酬（多くはエサ）を与えることで、その行動を学習させる手続きを意味します。

たとえば、ねずみにレバーを押すという行動を学習させたいときに、ねずみがさまざまな行動をとる中で、たまたまレバーを押すという行動を自発した直後に、エサを与えます。それを何度もくり返すことによって、ねずみは意図的にレバーを押すという行動を学習します。

また、ある行動を減少、あるいは消失させたいときには、罰（多くは電気ショック）

を使います。たとえば、報酬によってレバーを押すという行動を学習させたねずみに、今度は、レバーを押させないようにするとき、レバーを押すと電気ショックが流れるというような罰を与えることで、ねずみはレバーを押さなくなります。

こうしたオペラント条件づけは、動物にさまざまな行動を学習させる（訓練する）ための方法として広く活用されています。犬にお座りをさせることだったり、水族館のショーで見られるイルカの大きなジャンプだったり、サーカスで見られるゾウの玉乗りだったり。

行動主義心理学が主流であった一九五〇年代まで、人間の行動も動物と同じく、学習は適切に報酬や罰を与えることによって、成立すると考えられていました。つまり、人間が行動を起こすためには、先に説明したオペラント条件づけのねずみのように、アメとムチの力が必要であり、外からの働きかけがないと、われわれは行動を起こさないと考えられていたのです。

パズルを楽しむサルたち

このように、人間やある種の動物が外からのやる気によってのみ行動するという考え方が心理学の世界に君臨していた一九五〇年代、アメリカのウィスコンシン大学で、ある実験が行われる予定でした。そこで、実に興味深い（奇妙な！）現象が偶然に発見されました。

ウィスコンシン大学の心理学者たちも、例外なく行動主義心理学について学び、霊長類の行動を世界に先駆けて研究していました。この時は数匹のアカゲザルを用いて、アカゲザルの学習に関する実験を行っていました。

彼らは、図1-1のような仕掛けのある機械的なパズルを実験に使いました。このパズルを解く（仕掛けを外す）ためには、突き刺さっているピンを抜き、留め金を外し……といった六つの手順が必要になります。

私たち人間にとっては、それほど難しいものではありませんが、体長が五〇センチメ

図 1-1　アカゲザルと６つの仕掛けのある機械的なパズル

ートルほどしかないアカゲザルにとっては、困難な作業だったに違いありません。

　ウィスコンシン大学の心理学者たちは、オペラント条件づけのねずみのように、報酬や罰を用いて、このパズルをアカゲザルに学習させる予定だったのですが、実験に先立って、このパズルをアカゲザルの檻《おり》の中に置いてみました。まだ実験は始まっていませんでしたので、ここでは報酬や罰は与えていません。何気なく（実験とは関係なく）、アカゲザルの檻の中に、パズルを置いてみたのです。

　そうしたところ、心理学者たちは、予想もしなかったアカゲザルの行動を目の当たりにしました。なんと、アカゲザルは、報酬や罰を与えられたわけでもないのに、そのパズルを自ら手に取り、しかも熱心に、楽しそうにそのパズルで遊び始めたのです。

さらに驚きだったのは、このパズルの仕掛けをすぐに理解するようになり、一二日もすると仕掛けを解く割合は増加し、三回に二回は一分もかからずにこの仕掛けを素早く解いたのです。

今となっては当たり前のこの光景が、なぜ奇妙なのかといいますと、先にも述べたように、その当時（一九五〇年代）、人間や動物は、アメやムチに代表される外からの働きかけがないと行動を起こさないと考えられていたからです。

しかし、アカゲザルのパズルを解くという行動は、外からの働きかけがあったわけではないので、外からのやる気（アメとムチ）の考え方では説明できません。パズルを解いたからといって、アカゲザルはご褒美（エサ）をもらえたり、褒められたりしたわけではないのですから。もちろん、パズルが解けないからといって、罰が与えられたわけでもありません。

ましてや、ピンをどうやって外すのか、どのようにカバーを開けるのか、誰もその方法をアカゲザルに教えたわけではありません。繰り返しによって新奇性も失われるはずなのに、アカゲザルはひたすらパズルを解くことだけを楽しんでいたのです。

内からのやる気が理解されるまで

なぜ、アカゲザルは「パズルを解く」という行動をしたのでしょうか?

それは、アカゲザルはパズルを解くことに楽しみや喜びを感じ、その楽しみや喜びによって、パズルを解くという行動を引き起こし、持続させたと考えるほかなかったのです。これはこれまで説明してきた、内からのやる気にあてはまります。

外からのやる気によってのみ行動を起こすという、当時の心理学の考え方では解明できないこの現象を前にして、ウィスコンシン大学の心理学者たちは、「課題に取り組むこと自体が内発的な報酬にあたる」という新しいやる気、すなわち、内からのやる気の存在を発表しました。

そのため、彼らは人間の本質を真に理解するためには、この内からのやる気を考慮にいれなければならない、と強く主張しています。

しかし、この主張は、当時の心理学界では受け入れられませんでした。不思議に思うかもしれませんが、残念ながら、そうした考えが受け入れられる土壌がその当時の心理学の世界では整っていなかったのです。

長年、人々の間で確固たるものとして信じられてきた考えを覆すには、時間がかかります。たとえば、「地球が太陽の周りを回っている」とする「地動説」が周知の事実となるには、随分と時間がかかりました。

地球にいる私たちは、太陽が東の空から昇って西に沈むのを目の当たりにしているので、「地球は宇宙の中心にあって、空に浮かぶ太陽や星が、地球の周りを回っている」と考える「天動説」が、当たり前だったのです。地球が動いているなんて、昔は、到底、信じられないことでした。

天動説は一四〇〇年もの長い期間、人々の間で信じられてきました。コペルニクスが一五四三年に、地球が太陽の周りを回っているとする「地動説」を初めて説いたときにはまだ観測機器もなく、まわりの人々を納得させるほどの観測結果を得ることができませんでした。

しかし、一七世紀に入ってから、望遠鏡が発明され、みなさんもご存じのガリレオが望遠鏡を用いて、一六一〇年に四つの衛星が木星の周りを回っていることを発見しました。この発見を皮切りにガリレオはいくつかの発見を重ね、「四つの衛星と同じように、太陽の周りを地球が回っている」とする地動説を改めて主張しました。しかし、一四〇〇年にわたって支持されてきた天動説への人々の信奉は根強く、地動説が広く受け入れられるには、まだ時間が必要でした。

その後、ガリレオの弟子であるカステリが、金星の満ち欠けや大きさの変化について、天動説では十分に説明できないことを主張し、ケプラーが惑星の運動は楕円《だえん》運動であることを発見し、続いて、ニュートンが運動の法則、および万有引力の法則を発見するなど、その詳しい内容についてはここでは割愛しますが、これらの圧倒的な功績によって、地球中心説としての天動説は、完全に過去のものになりました。

ここでは簡潔に天動説と地動説について述べてきましたが、地動説が私たちの間に広く受け入れられるようになるまでには、さまざまなすったもんだがありましたので、興味のある人は、ぜひ調べてみてください。

さて、ここで私が言いたいことは、長年、人々の間で確固たるものとして信じられてきた考えを覆すには、非常に時間がかかり、科学的に実証されたデータが必要になってくる、ということです。

科学的に実証されたと結論づけるためには、三つの条件が必要になってきます。一つ目は、研究対象となっているものをデータで正しく説明できるという「実証性」です。コペルニクスに足りなかったのは、この実証性になります。二つ目は、研究の結果が多くの人によって承認されるという「客観性」です。ガリレオに足りなかったのは、この点でしょうか。そして、三つ目は、同一条件では、同一の結果が得られるという「再現性」になります。

心理学も天文学と同様に「科学としての学問」であるため、ウィスコンシン大学の心理学者たちの「人間には内なるやる気がある」という主張が正しかったことが再び別の研究者デシによって証明され（先に示した「再現性」）、その考えが広く知れ渡るようになるまで、アカゲザルの（その当時は）奇妙な行動を目の当たりにしてから、約二〇年の月日を必要としたのです。それももちろん順調な道のりではありませんでした。「内からのやる気」という研究のために、デシは同僚の心理学者と衝突し、その当時働いていたビジネススクールを解雇されました。しかし、デシは自身の生涯をかけて「内からのやる気」の研究に没頭し、研究知見を積み重ねていき、その知見は少しずつではありますが心理学界に浸透していったのです。

内と外、どちらのほうがやる気は続くのか

さて、現在に話を戻しましょう。現在、やる気には、内からのやる気と外からのやる気の二つがあることが広く認められています。

次にみなさんが気になるのは、内からのやる気と外からのやる気のどちらがより強く行動を促し、持続させるかについてではないでしょうか。

直観的にみなさんが想像するように、原則は、内からのやる気のほうが外からのやる気よりも、行動する理由として望ましいと考えられています。

というのは、外からのやる気は、その目的が他にあるため、目的が達成されたり、それ自体がなくなったりした時点で自発的に行動しなくなるからです。

外からのやる気では、アメ（報酬）を得ることやムチ（罰）を回避することが目的であり、行動はその手段となります。そのため、アメを与える人がいなくなったり、ムチを与え続けることを誰かがやめてしまえば、行動する理由はなくなってしまうのです。

たとえば、親から叱られるのが嫌で勉強している子どもは、叱りつける親がいなくなれば、自発的には勉強しなくなります。ご褒美が目的で勉強している子どもも、そのご褒美がなくなれば、同様でしょう。これでは、外からの電力をもとに動いたルンバが、充電が切れたら動けなくなるのと同じかもしれませんね。

アメやムチがあれば、嫌々ながらも目標達成に向けて行動することはできるかもしれません。

たとえば、子どもに対して、宿題をした日にはおやつをあげるというご褒美を与えたとしましょう。あるいは、宿題をしない日には、夕食を与えないという罰を与えたとしましょう。きっと、その子どもはおやつが欲しいから、あるいは、夕食抜きになるのは嫌だから宿題をするでしょう。アメとムチを用いれば、「宿題をする」という目標を達成することはできます。しかし、アメやムチがなくなれば、どうでしょうか。おそらく宿題をしなくなるでしょう。

つまり、アメとムチの効果はその場限りで、短期的な結果しか残すことができません。だって、目的は行動する（宿題をする）ことではなく、アメ（報酬）を得ることやムチ（罰）を回避することなのですから。

よって、外からのやる気に基づいて行動している人は、最低限のことしかしないのです。怒られたくないから宿題をする子どもは、怒られないラインを越えさえすれば宿題を打ち切りますし、ましてや、よりよい勉強法を試してみたりすることは考えもしません。つまり、浅い学習しかできないのです。

加えて、外からのやる気には、失敗したり、成功の見込みが薄いと感じたりすると、簡単にあきらめてしまうという特徴もあります。

一方、内からのやる気は、外的な報酬や罰は必要なく、そこから得られる達成感だったり充足感だったりが、いわば報酬となっています。つまり楽しさ、面白さがその行動を引き起こす原動力になるということです。

そのため、自発的に、そして積極的にその行動に従事し、しかもそれが継続されます。読者のみなさんが好きでやっているゲーム（好きでやっていることでしたら、ゲームじゃなくても、マンガを読むことだったり、YouTubeを見ることだったりでも構いません）は、いつまでも続けることができますよね。時には、時間を忘れて、その行動に没頭することもあるでしょう。

これは勉強についてもあてはまります。内からのやる気で勉強をしている人は、楽しいから、好きだから、いろいろなことを知りたいから勉強をしています。その際、勉強すること自体が目的となっていますので、深く、持続する学習を実行しようとします。「知りたい」、「理解したい」と感じる限り、自分の意欲で取り組み続けます。そして、難しい問題に対しても、粘り強く取り組むようになります。

「努力は夢中には勝てない」という名言があります。勉強については内からのやる気を感じたことがなくても、なにか好きなことをやっている時には、内からのやる気を感じたことがあるのではないでしょうか。

外からのやる気はそんなに悪いの？

これまでの議論をみると、外からのやる気はあんまりよくないもののように感じるかもしれませんね。確かに、心理学の世界においても一九八〇年頃まではそのように考えられていました。でも、外からのやる気は「やる気」を出す上ではよくないものなのでしょうか。

近年の心理学の研究では、外からのやる気にもよい点があることが明らかになっています。それを理解してもらうために、ここでまた、一八頁の「勉強する理由」一〇項目を眺めてみてください。先ほどの説明では、③から⑩は、すべて外からのやる気であると説明しましたが、よくよく見ると、外からのやる気にはさまざまなタイプ（種類）があることに気づきませんか？

外からのやる気にさまざまなタイプがあるのならば、それらはみんな同じように心に働きかけるのだろうかという疑問がわいてくるでしょう。

たとえば、同じ外からのやる気であったとしても、③の「先生や親に叱られるから」嫌々勉強するのと、⑨の「自分の能力を高めたいから」積極的に勉強するのとでは、やる気に違いがあるのは当然ですよね。

もちろん、「自分の能力を高めたいから勉強する」という行動は、勉強自体が楽しかったり面白かったりするためではなく、「勉強」という行動が「自分を高める」という手段となっているため、内からのやる気とは異なります。

それでも、勉強は自分を高めると意識している分、勉強の重要性を自分なりに感じとっているため、典型的なアメとムチのような外からのやる気とも区別されてしかるべきでしょう。

近年の心理学でも、こういった問題意識が高まり、外からのやる気を、いくつかに分類するようになりました。それは、外からのやる気のなかにも、行動を強く促し、持続させるものがある一方で、そうではないものもあることがわかり、外からのやる気が望ましいのかどうかについて、結論が一貫しなかったからです。そこで、外からのやる気を細かく分けて、どのような外からのやる気だったら望ましく、あるいは望ましくないのかを、詳細に調べる必要性が出てきたのです。

そこで、その行動がどのくらい自律（自己決定）的に生じているのか（自律的に行動しているか）という自律性の程度によって、外からのやる気を段階的に分類しました。

「自律的に行動する」とは、一見すると内からのやる気と似ているように思うかもしれませんが、自らその行動を選択し、主体的に行動することを意味します。
⑨の「自分の能力を高めたいから」積極的に勉強するのと、③の「先生や親に叱られるから」嫌々勉強するのとでは、⑨のほうが自律性の程度が高いことは明白でしょう。

さまざまなタイプの「外からのやる気」

では、外からのやる気はどのように分類されているのでしょうか。図1－2に分類をまとめましたので、それにそって説明していきます。

まず、外からのやる気のなかで、自律性が最も低いのが、「典型的な外からのやる気」になります。「典型的な外からのやる気」とは、報酬や罰のような外部からの圧力によ

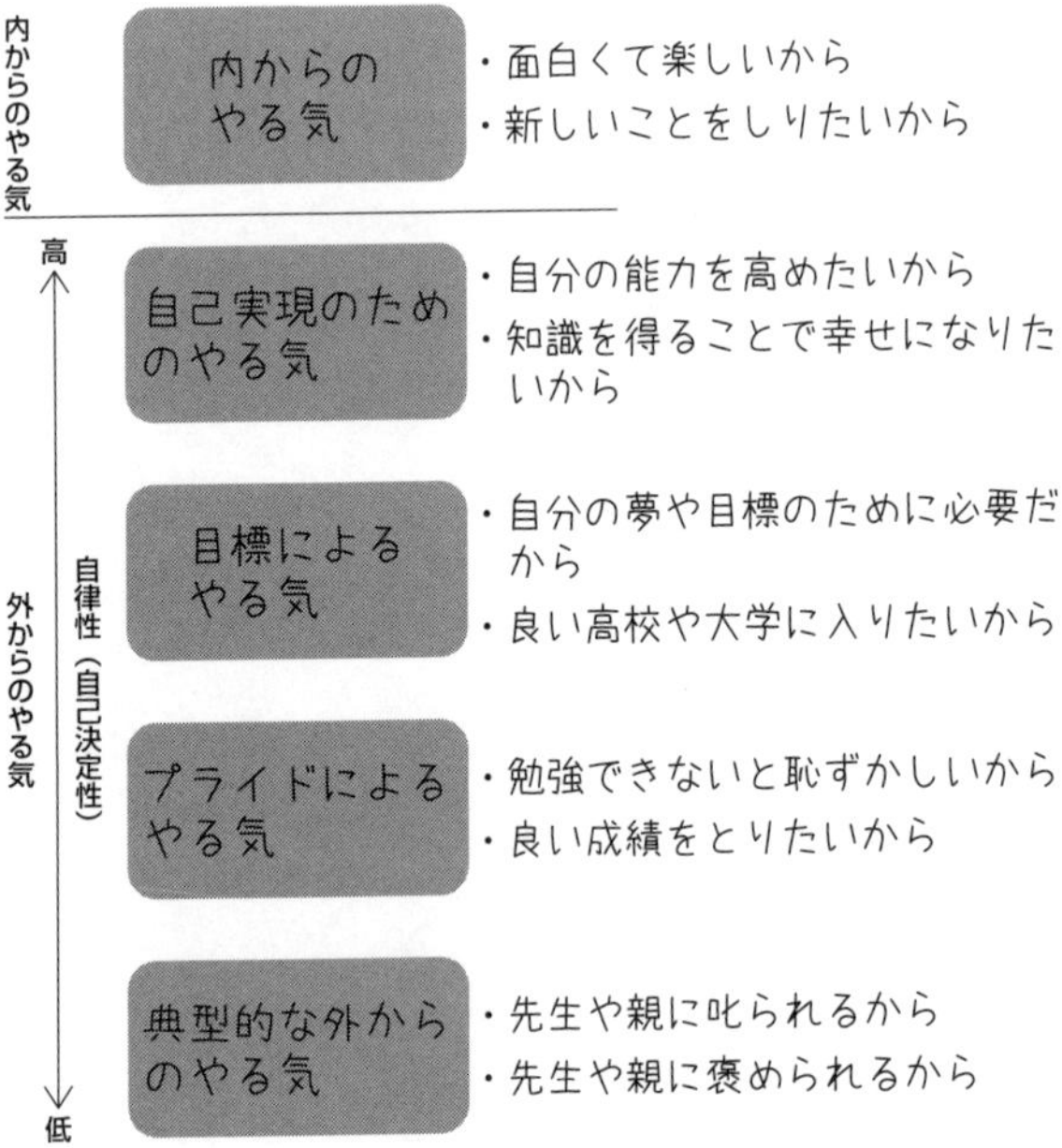
内からのやる気
内からのやる気
・面白くて楽しいから
・新しいことをしりたいから
高
低
外からのやる気
自律性（自己決定性）
自己実現のためのやる気
・自分の能力を高めたいから
・知識を得ることで幸せになりたいから
目標によるやる気
・自分の夢や目標のために必要だから
・良い高校や大学に入りたいから
プライドによるやる気
・勉強できないと恥ずかしいから
・良い成績をとりたいから
典型的な外からのやる気
・先生や親に叱られるから
・先生や親に褒められるから

図 1-2　やるきの分類

って行動するものです。一般的な感覚ではこれを「やる気」というのはちょっと違和感がある人もいるかもしれませんね。

先ほどの「勉強する理由」では、「③先生や親に叱られるから」や「④先生や親に褒められるから」勉強するといったものがこれに該当します。前にもいいましたが、やる気（ここでは、典型的な外からのやる気）は勉強にのみあてはまるものではありません。勉強以外ですと、たとえば、おやつを買ってもらえるからお手伝いをするとか、怒られるのが嫌で部屋を片付けるといったものが「典型的な外からのやる気」になります。「典型的な外からのやる気」で行動している人は、行動することに何ら価値を認めておらず、外部からの強制によってのみ行動するので、自律性が低い状態になります。

続いて、「典型的な外からのやる気」よりは自律性の程度が進んだタイプが、「プライドによるやる気」になります。「勉強する理由」では、「⑤勉強ができないと恥ずかしいから」や「⑥良い成績をとりたいから」が、それに該当します。恥や不安を避けたり、達成感や有能感を得たりするために行動するという状態です。

勉強以外だと、異性にモテたいからダイエット（運動）をするとか、運動会の徒競走でビリになるとかっこ悪いから、走る練習をするなどが「プライドによるやる気」になります。

「プライドによるやる気」では、行動そのものではなく、それができるあるいはできないという結果のほうが重要となります。行動の価値が自分のなかにある程度、取り入れられていますが（心理学の学術用語ではこういった状態を「取り入れ」といいます）、また「〇〇しなくてはいけない」というような義務感が伴っています。これらは、行動に対して消極的である、つまり自律性が低い段階にあるといえます。

そして、「プライドによるやる気」よりさらに自律性が進んだタイプのやる気が、「目標によるやる気」になります。このタイプは、行動が自分にとって重要で価値のあるものだと受けとめられている状態になります（目標については第三章で詳しく解説します）。

「勉強する理由」では、「⑦自分の夢や目標のために必要だから」とか「⑧良い高校や大学に入りたいから」といった、より大きな目標のために積極的に行動するものです。

勉強以外ですと、将来、プロの野球選手になりたいから、毎日素振りをするとか、料理人になりたいから、お母さんの料理のお手伝いをするというのが「目標によるやる気」

になります。

「目標によるやる気」あたりから、自律性の高いやる気と考えられています。

最後に、外からのやる気のなかでもっとも自律性の進んだ段階が「自己実現のためのやる気」になります。これは、「勉強する理由」では、「⑨自分の能力を高めたいから」や「⑩知識を得ることで幸せになれるから」が該当します。行動の価値が十分に自分のものとして取り入れられており、自分のなかの他の価値や欲求と調和していることを意味します。この本の書き手である私は、「より良い人生を送りたいから」目の前のことをできる限りがんばっているのですが、それは「自己実現のためのやる気」になりますね。

これは、明らかに自律性の高いものであることがわかるでしょう。他に何かやりたい誘惑があっても、それに捉われず、自然とその行動を優先させてしまうような状態なのです。

このように、外からのやる気は、「典型的な外からのやる気」、「プライドによるやる気」、「目標によるやる気」、そして、「自己実現のためのやる気」の四つに分類されます。

このうち、「目標によるやる気」と「自己実現のためのやる気」は、自律性の高いやる気なので、内からのやる気と同じように、人に行動を起こさせ、そしてそれが持続しやすい望ましいやる気といえます。

さて、あなたが勉強する理由は、「典型的な外からのやる気」、「プライドによるやる気」、「目標によるやる気」、「自己実現のためのやる気」、そして「内からのやる気」のどれに該当していましたか。

もちろん、内からのやる気によって勉強できればよいですが、中学校、高校の授業の範囲は多岐にわたるので、すべてにおいて楽しい面白いと感じることはなかなか難しいでしょう。すべての教科を内からのやる気で勉強することは不可能ではないかと思います。

そのため、内からのやる気で勉強することが難しい科目については、外からのやる気のなかでも自律性が高い、「目標によるやる気」や「自己実現のためのやる気」によってモチベーションを高めることができるのかもしれません。あの高校、あの大学に入りたい、これまでとは違った自分になるために英語を覚えたいといった意識をもつことで、これまでとは違った取り組み方になる可能性があります。

第二章　なぜ誘惑に負けてしまうのか

すぐそこにいる敵

やる気まんまんで机に向かい、テスト勉強を始めようとしたとき、机のわきに置いてあったニンテンドースイッチが目に入ってきました。勉強をしようと思いつつ、ちょっとだけとゲーム機を手にとってしまったら最後。気づいたら二時間以上ゲームにのめりこんでいました。もちろん、勉強に対するやる気はすっかりなくなっていて、そこから勉強を始めることもなく、そのまま寝てしまいました。

痩せたいと思って、ダイエットをがんばってきました。来月までにあと二キロ体重を落としたいのに、横では、友だちがチョコレートケーキをおいしそうにほおばっています。我慢しなくてはいけないと思いつつ、気づいた時には、自分もケーキを注文していました。

みなさんにはこういう経験、ありませんか？

やる気があったとしても、そのやる気を邪魔するのは、この場合のゲームやチョコレートケーキのような、誘惑です。この誘惑という敵は、なかなか手強く、油断すると誘惑にすぐに負けてしまいます。中高生に限らず、大人になっても誘惑に打ち勝つことはとても難しいのです。私たち人間は、とても誘惑に弱い生き物です。

では、やる気を起こし維持するために、敵となる誘惑に打ち勝つにはどうしたらよいのでしょうか？

第二章では、この誘惑を取りあげ、打ち勝つ方法について考えていくことにします。

我慢強さが人生を左右する

さて、読者のみなさんに、またまた質問です。

人生で成功するために、もっとも必要なものは何だと思いますか？

頭の良さ（知能、学力）や学歴でしょうか。身体的魅力（かっこ良さ、かわいさ）でしょうか。それとも経済力（お金）でしょうか。

実は、これらはすべて不正解です。どれも多少なりとも必要かもしれませんが、「もっとも」必要なものではないのです。

答えは、「我慢強さ」です。心理学の学術用語では「自己統制」や「セルフコントロール」といいます。意外な答えですよね。私も最初はそう思いました。でも、今では、なるほどなぁと納得しています。

ただし、これについてはいろいろな考え方（学説）がありますので、興味のある方は調べてみるとよいですね。

でも、我慢強さが重要であるということは、まぎれもない事実です。だって、人生において、我慢しなくちゃいけない場面って数多くありますよね。健康のためにカロリーが高いものを食べない、身体の痛みを我慢する、大勢の前では怒りを抑える、他人を不快にする偏見を示さない、など。例を挙げたらきりがないほどです。この例は大人が直面することが多い我慢ではありますが、中高生のみなさんだって我慢しなければいけないことはたくさんあるはずです。冒頭の例でいえば、勉強するためにゲームをするのを我慢しなければなりません。ダイエットをするために大好きなケーキを食べるのを我慢しなければいけません。また、スポーツをやっている人は練習のために辛《つら》いけれど我慢して筋肉トレーニングをしなければならないこともあるでしょう。他にも、難しい問題を解こうとするときには、我慢強さが必要になりますよね。わからないとすぐにあきらめてしまっては、答えにたどりつくことはできません。

心理学の研究では、頭の良さ（知能指数）と大学でのＧＰＡ（各科目の成績から特定の方式によって算出された学生の成績評価値のこと）には関連がみられない一方で、我慢強さとＧＰＡの間には関連がみられることが示されています。

また、仕事のパフォーマンスについても、職種を問わず、我慢強さでこれらを予測できることがわかっています。つまり、我慢強い人は、大学での成績や仕事のパフォーマンスが高く、成功しやすいということです。

この我慢強さは、子どもであっても大人であってもとても重要なのです。

子どもはマシュマロを我慢できるのか

ここで、人生で成功するために、我慢強さが必要であることを突きとめた面白い心理学の実験を紹介しましょう。一九六〇年代に、スタンフォード大学の心理学者が次のような実験を行いました。

実験の対象になったのは、スタンフォード大学に併設されている保育園の子どもたち（四歳児）一八六名です。

実験者は、子どもたちを一人ずつ部屋に通し、椅子に座るように指示します。

そして、子どもにマシュマロ、クッキー、ミント菓子などの中から一番欲しいものを選ばせます。ここでマシュマロを選んだ子どもが多かったことから、後にこの実験は「マシュマロ実験」と呼ばれるようになりました（ここからはどのお菓子を選んでいても、マシュマロに置き換えて話を進めていきます）。

実験者はマシュマロを一つ、子どもの目の前にあるお皿にのせて、次のようなことを

図 2-1　マシュマロ実験のイメージ

言います。

「私はちょっと用事があるので、出かけてきます。一五分で戻ります。お皿の上にあるマシュマロはあなたにあげるから、食べてもいいよ。ただし、私が戻ってくるまでそのマシュマロを食べるのを我慢できたら、もう一つマシュマロをあげるよ。私がいない間にそれを食べたら、二つ目はあげないよ」

　そして、実験者は部屋を出ていきます。目の前には、自分の大好物であるマシュマロがあります。それはとても誘惑的です。子どもたちは、大好きなマシュマロを二つゲットしたいので、何とか目の前にあるマシュマロを食べずに我慢しようとします。しかし、今すぐに大好きなマシュマロを口にしたいという衝動にも駆られます（図2－1）。

ここで、我慢強さが試されるのです。さあ、あなたならどうしますか？

先ほどもいいましたが、これは保育園の子ども（四歳児）を対象に行われた実験です。四歳のあなただったらどうするのかを想像してみてください。

その当時に行われた実験の様子ではないのですが、この実験を模したものがYouTube（The Marshmallow test-Igniter Media-Church Video）にアップされていますので、興味のある方はそれを見てください。「すぐに食べたい！」と「もう一つほしい！」の間で揺れ動く、子どもたちの葛藤の様子がわかります。

さて、一五分間我慢して、二つ目のマシュマロを手に入れた子どもは、どのくらいいたと思いますか？

答えは、三分の一ほどだったそうです。残りの三分の二は、実験者が戻ってくるのを待ちきれずに、目の前にあるマシュマロを食べてしまった、つまり誘惑に負けてしまったのです。

我慢強い子どもは成功する？

この結果自体はなんとなく予想がつくものだったかもしれませんが、この実験の本当の面白いところは、ここからです。

マシュマロ実験が行われた後、およそ一〇年過ぎるごとに、当時実験に参加した子どもたちを追跡し、新たな調査が実施されました。「一〇年ひと昔」といわれますが、実験に参加した子どもたちは、どのように変わっていたのでしょうか？

実験当時、保育園に通っていた子どもが、一〇年後には中学校に通う年になっているわけですので、風貌はたいそう変わっていたことでしょう。しかし、四歳の時に見られた我慢強さは、何十年経《た》っても変わっていなかったのです。では、追跡調査について詳しくみていきましょう。

マシュマロ実験が行われてから約一〇年後に行われた追跡調査では、実験に参加した子どもたちの親にアンケート用紙（質問票）を送り、さまざまな質問に対して、自分の子どもがまわりの子どもと比べてどうなのかを回答してもらいました。たとえば、「お友達とうまくやっていますか？」、「嫌なことがあっても我慢できますか？」、「集中して勉強に取り組めますか？」といった質問が尋ねられました。

また、子どもたちの学校の教師にもアンケート用紙を送り、同じくさまざまな質問に答えてもらいました。

そして、一〇年前に実験者が部屋に戻ってくるまでマシュマロを食べずに我慢した子どもたちと、マシュマロを食べるのを我慢できなかった子どもたちを、さまざまな側面から比較したのです。

その結果、一〇年前にマシュマロを食べなかった我慢強い子どもたちのほうが、欲求不満を覚えるような状況では我慢強いと、まわり（親や教師）から評価されていました。彼ら彼女らは、誘惑に負けにくく、集中力が必要な課題では気が散りにくく、ストレスにさらされても、混乱して慌てたりすることもなく、上手に対処するスキルが高いと評価されました。また、彼ら彼女らは、先のことを考えて計画し、目標を追求するのが上手だったそうです。

子どもたちの実際の学業成績をみるために、大学進学適性試験（SAT：アメリカの子どもが大学へ入学を志願するために受ける試験）を調査した結果、一〇年前にマシュマロを食べなかった我慢強い子どもたちのほうが、SATの点数がはるかに高いこともわかりました。

さらに約一〇年後（マシュマロ実験からは約二〇年後）の追跡調査では、子どもたち（約二〇年後の調査では、子どもたちは二五〜三〇歳になっていましたので、「子ども」という表現は違和感があるかもしれません）自身に、さまざまな質問に回答してもらいました。その結果、マシュマロを食べなかった我慢強い子どもたちは、約二〇年後、長期目標（長期目標については、第三章をご覧ください）を追求するのが上手で、高い教育水準に達し、肥満指数が大幅に低いなど、多種多様な側面において、高いパフォーマンスを収めることがわかりました。

さらに二〇年後（マシュマロ実験からは四〇年後）の追跡調査では、彼ら彼女らの健康状態や収入、持ち家率、離婚率、前科をもつ割合が調べられました。その結果、さきほどのパフォーマンスが高い傾向は生涯ずっと継続していることがわかったのです。

これらの結果から、子どもの頃の我慢強さが、将来にさまざまな影響を与えることがわかりました。これはとてもすごい発見です。

この実験を行った心理学者は、知能指数（ＩＱ）の高さよりも我慢強さのほうが、将来のさまざまなパフォーマンスに大きく影響すると結論づけています。言い方を換えれば、我慢強い子どもは、将来成功する確率が高いといえるでしょう。

スタンフォードという特殊な実験環境

第一章で、心理学では動機づけは外からしか起こらないと考えられていた時代があったことについて述べました。同じように、現在では正しいと考えられている知見も、未来ではどうなっているかわからないものはたくさんあります。

日々、研究知見は積み重ねられているので、その当時は正しいと思われていたことも、精緻な実験方法や解析方法を用いて検討したら、実はその知見は正しくなかった、ということもありえるのです。科学は日々進歩しているからです。

実は、このマシュマロ実験の結果もすべての子どもにあてはまるわけではなく、限定的な結果であるということが二〇一八年にわかりました。

先ほど説明したように、このマシュマロ実験の対象者は、スタンフォード大学に併設されている保育園の子どもたちでした。

スタンフォード大学とは、アメリカのカリフォルニア州に拠点を置く名門校で、アメリカでもっとも入学が難しい大学であるといわれています。二〇一七年度の合格率は四・七％というのだから、驚きですよね。

世界的に有名な大学ランキングに名を連ねるトップレベルの名門大学が多く集まるアメリカのなかでも、スタンフォード大学はトップ中のトップです。

そのすごさをわかりやすく感じてもらうために、スタンフォード大学のレベルを日本に当てはめると、およそ偏差値八〇以上であるといわれているくらいです（ただし、日本と海外では大学の制度が違うため、入学難易度を偏差値で測ることには慎重にならないといけません）。

さらに、スタンフォード大学の授業料（二〇一九年度）は、年間で五万二八五七ドル

（約五九〇万円）。私が勤務している国立大学の授業料（二〇一九年度）は、五三万五八〇〇円ですので、それと比べるといかに授業料が高いかわかります。

ここまで説明するとスタンフォード大学がいかに特殊かわかるでしょう。マシュマロ実験の対象者である子どもたちの親は、スタンフォード大学で働いている先生だったり、大学に通学している学生だったりするので、経済的にも社会的にも恵まれている特殊な人たちでした。つまり、この実験結果は、スタンフォード大学のコミュニティ内に限られたものだったのです。

その結果は違ったものに

この実験の対象者の偏りに着目した別の心理学者が、実験の対象者を九〇〇人以上に増やして、同じような実験を行いました。スタンフォード大学の実験とは異なり、実験の対象となる四歳の子どものサンプルは、人種、民族性、親の学歴といった点において、アメリカ国民全体を反映したものになっていたそうです。

スタンフォード大学で行われた実験と同様に、四歳の子ども（ただし、人種、民族性、親の学歴が多種多様）を対象に、目の前にあるマシュマロを食べずに我慢できるかどうかを観察し、今度は、一一年後（子どもたちは一五歳になっていました）、子どもたちのパフォーマンス（成績）などを調査してみました。

その結果、スタンフォード大学で行われた実験結果は、再現されませんでした。この研究は二〇一八年に論文として発表され、この論文によってマシュマロ実験の結果は、経済的にも社会的にも恵まれた家庭に育った子どもに限られる、ということがわかりました。

さらに、この実験では、貧しい家庭の子どもは、裕福な家庭の子どもに比べて将来の見通しが立たないため、二個目のマシュマロを得るために我慢することはないという結果を明らかにしています。

貧しい家庭の子どもは、「今日食べ物があっても、明日はないかもしれない」という不安を抱くことがたくさんあります。また、親から「我慢したら〇〇あげるね」といったような約束をした経験や、その約束が守られた経験が少ないのでしょう。そのため、我慢して二個目のマシュマロを手に入れようとするのではなく、目の前にあるマシュマロを確実に胃袋の中におさめる選択肢を選ぶのです。

それならば、二個目のマシュマロを手に入れるかどうかを決める要因は、我慢強さではなく、家庭の年収や環境ということになってしまいます。

スタンフォード大学で行われた実験ではなにがよくなかったのでしょうか？

それは、実験に参加した対象者に偏りがあったことです。もちろん、ある程度豊かな家庭で育った子どもの傾向を知りたいのだったら、これでも問題ないでしょう。ただし、一般的な子どもの傾向を知りたいのだったら、実験対象者も一般的な子どもでなければいけません。

また、我慢強さを測定するのに、「食べ物（マシュマロ）」を使ったのが良くなかったのかもしれません。食べ物を使ってしまうと、二個目のマシュマロを手に入れるかどうかは、我慢強さではなく、家庭環境（裕福なのか貧しいのか）の違いを反映してしまうことが多いからです。

我慢強さの指標は何も、大好きなお菓子を食べずに我慢することだけではありません。

たとえば、答えがない問題（そのことを実験の対象者には知らせません）にどのくらいの時間、取り組んでいられるかとか、ものすごく冷たい氷水の中にどのくらいの時間、手を入れておくことができるかとか、いろいろなやり方があるでしょう。

このように家庭環境の違いや他の要因から影響されない指標を用いることを考慮すべきだったのです。

誘惑の対処の上手さが成功への鍵を握る

先の研究より、マシュマロ実験の結果は限定的であることがわかりましたが、スタンフォード大学のように、親がある程度の経済力をもっている子どもにおいては、その頃の我慢強さが、将来にさまざまな影響を与えるということは、事実です。

では、なぜ、四歳の時にマシュマロを食べずに我慢した子どもは、将来、成功する可能性が高いのでしょうか？

私はこう考えています。ある誘惑（この実験では、目の前にあるマシュマロ）に勝てるということは、さまざまな誘惑にも打ち勝てる。そして、誘惑に打ち勝てる我慢強さは、人生の成功を決めるうえで重要なものであるのです。

人生には、さまざまな誘惑が待ち構えています。「やせる」という目標を設定していても、おいしそうなケーキを目の前にしてしまうと、私たちは「ケーキを食べたい」という誘惑に負けてしまいます。好きなだけケーキを食べているようでは、到底、やせることはできません。

目標達成を邪魔する巨大な敵は、「誘惑」です。この敵は手強いので、なかなか打ち勝つことができません。人生における成功を手に入れる秘訣《ひけつ》は、誘惑を我慢強さで克服することにあるのです。

そんな我慢強さなんて持っていないよと思っているあなたに朗報です。我慢強さを手に入れるにはコツがあります。

それを知ってもらうために、スタンフォード大学で行われたマシュマロ実験に話を戻しましょう。

実は、この実験では、実験者が部屋から出ていった後の子どもたちの行動を、隠しカメラでしっかりと記録していました。

その映像をみてみると、我慢できずにマシュマロを食べてしまった子どもたちは、マシュマロをじっと眺めていたり、マシュマロに触っていたりしていたそうです。どんなに我慢強い子どもであったとしても、目の前にマシュマロがあれば、それを我慢することはなかなかできません。そのため、食べてしまった子どもたちは一五分間我慢することができなかったものと考えられます。

一方で、マシュマロを食べずに我慢できた子どもたちは、マシュマロが自分の視界に入らないように、ぎゅっと目を閉じていたり、後ろを向いたりして、マシュマロから注意を逸《そ》らそうとしていました。

そう、マシュマロという誘惑を目の前から遠ざける工夫をしていたのです。これは、誘惑に対処するためのコツのひとつといえるでしょう。

やる気を自分でコントロールするコツ

この章では、これまでマシュマロ実験について紙面を割いてきましたが、それは、「やる気」のコントロールに通じる話だからです。冒頭でも簡単に述べましたように、何らかの目的に向けて行動を起こすこと（「やる気」を出すこと）を邪魔するのも誘惑です。

たとえば、行きたい大学に入るために「毎日、二時間勉強する」という目標を立てて、日々勉強している高校生がいるとします。日々勉強しているといっても、何となく体の調子が悪くて勉強をしたくない日があるかもしれません。あるいは、友だちに遊びに誘われているので、今日くらいは勉強をしなくてもよいと考えることもあるでしょう。大好きなドラマの続きが気になって、勉強どころではない日もあるに違いありません。

このようにさまざまな誘惑があるので、年がら年中、やる気に満ち溢《あふ》れ、目標に向かって進む人はそうそういないものです。誰だって、やる気が出なくて、今日は何にもしたくないなぁ〜と思っている日があります。私にもたくさんあります（！）。

それでも、やる気に満ち溢れて、精力的にがんばっているように見える人はいます。そういった人は、やる気の程度がもともと違うのではなく、やる気が出ない時に、それをコントロールするのがちょっぴり上手なんだと私は思っています。

勉強を進めていくにあたって、内容が難しかったり、退屈であったり、誘惑が存在したりしてどうしてもやる気が出ないことはあるでしょう。そうしたときに、少しでも前に進むためにちょっとした工夫ができるかどうかが、やる気を継続するカギになります。先に説明した、マシュマロを食べずに我慢できるコツである、誘惑を目の前から遠ざけること、これも工夫のひとつです。

冒頭の例でいえば、ゲームが誘惑となっている人は、ゲームが終わったら決まった場所に片付けて、勉強をしている時は、ゲーム機が目に入ってこないようにしましょう。漫画が誘惑となっている人は、漫画は本棚の後ろの列に置き、手前の列には真面目な本を並べましょう。

スマホが誘惑となっている人は、スマホの電源を切って、かばんの奥底にしまっておきましょう。

こうした原始的な方法が、実は抜群の効果を持つのです。みなさんも試してみてください。

このようなやる気をコントロールするコツのことを、心理学の学術用語では、「動機づけ調整方略」といいます。「方略」というのは、方法とか作戦という意味になります。

くり返していいますが、日常でやる気が出なかったり、やる気が低下したりすることはよくあります。そのようなときには、さまざまな方略を使って、自身でやる気を起こしたり維持したりしなければいけません。これが「動機づけ調整方略」です。心理学では、どのような動機づけ調整方略がより効果的であるのかが研究されています。

次からは、心理学の研究で明らかになった、やる気をコントロールする動機づけ調整方略の具体的な中身を紹介していきます。

やる気をコントロールするさまざまな方法

ここからは、さらに踏み込んで、やる気をコントロールする具体的な方法（動機づけ調整方略）について説明しておきましょう。

ここに書かれていることを全部試してもよいですが、大切なことは、自分に合ったやる気をコントロールする方法を探して、それを身につけることです。人には個性があり、同じ人は一人もいないので、やる気を効果的にコントロールする方法も人によって異なります（これについては、第五章で詳しく見ていきます）。ここでは、中高生がなかなかやる気にならないけれど、やらなければいけないケースが多い、勉強を例にします。

●ご褒美作戦

ご褒美作戦とは、やる気が出ないことをしなければいけない、たとえば、勉強の前に、それをやり終えた時のご褒美を用意しておくものです。心理学では「自己報酬方略」と呼ばれています。

自分へのご褒美を自分で用意しておくので、そのご褒美は人によって違います。勉強が一通り終わったら、「自分の大好きなゲームをするんだ！」とか、「大好きなあの人とおしゃべりをするんだ！」とか、「美味しいものを食べるんだ！」とか人それぞれです。自分の好きなものが待っていると考えたら、嫌なことでもがんばれるものですよね。

私はこの本を書き終えたら、旅行に行こうと思っています。本を書くことは決して嫌いなことではなく、むしろ好きなことではありますが、好きなことをするのであっても、終わったら楽しいことが待っていると考えると、俄然《がぜん》とやる気が出るものです。

ご褒美を用意しなくても、勉強をやり遂げた後の達成感をイメージしたり、勉強をやり遂げた自分を想像したりするだけでもやる気が出てくる場合があります。終わった時のことを夢見ながら、目の前にある課題に取り組むのもよいですね。

また、少し遠い未来のことを考えてみるのも効果があります。たとえば、大学受験を控えた高校生が、この勉強をやりきれば、バラ色の大学生活が待っているとか（そんなことはないのですが。笑）。そうすると、やる気が持続するかもしれませんよ。

●環境を変える作戦

学習環境を整理することによって、やる気を高める方法もあります。たとえば、自分の好きな場所で勉強するとか、部屋を勉強に集中できる環境にするとかです。心理学では、「環境調整方略」と呼ばれています。

私は、散らかった汚い部屋よりもきれいな部屋のほうが、俄然やる気が出ますので、高校生や大学生の頃は、試験勉強をする時にまずは、部屋の掃除から始めていました。ただし、人によってはこれが効かない場合があります。今にも崩れそうなほど積み上げられた本に囲まれて作業をするのが好きな人もいますから（私の知り合いにも実際います）。私の友だちに、部屋を真っ暗にして電気スタンドの灯りだけで勉強をすると、やる気が出るといっている人もいました。

その他にも、図書館で勉強するとやる気が出るとか、人がたくさんいるところ（たとえばファストフード店）で勉強するとやる気が出るとかなど、さまざまです。自分がやる気が出るような環境を探してみましょう。

●負担をおさえる作戦

これは、自分にとっての負担をなるべく減らすような作戦です。たとえば、得意なところや好きなところを中心に勉強するとか、飽きたら別のことをしたり、休憩をしたりするなどがこれにあたります。心理学では、「負担軽減方略」と呼ばれています。

私は、自分の嫌いな教科を勉強するときには、好きな音楽を聴きながら勉強していました。これは今でも変わりません。嫌いな作業も音楽を聴きながらやると、何だかやる気がわいてきて、作業がはかどるのです。ただし、この「ながら作戦」は、効果がある人とそうではない人がいるようなので、注意が必要です。

また、メリハリをつけて勉強することはとても大事です。だらだらとやっても、なかなか効果はあがりません。「一時間は集中して勉強する。それが終わったら一〇分間休憩をする」など、勉強時間（あるいは分量）の区切りをうまくつけてとりかかると、負担もおさえられますし、集中力が高まるでしょう。

●友だちに頼る作戦

自分一人ではがんばれないことでも、友だちと一緒だったらがんばれる。こういう経験はありませんか？

ここでは「友だちに頼る作戦」と名づけましたが、心理学では「協同方略」と呼ばれています。これは、友だちと協力しながら勉強するというものです。

その友だちは誰でもよいわけではありません。その友だちと一緒にやることで、雑談ばかりしていては、到底効果があるようには思えません。むしろ、逆効果になることもあります（ただし、友だちと雑談をすることによって、やる気が出てくるという人もいるかもしれません）。

一緒に勉強するのは、夢に向かって一生懸命にがんばっている友だちや、自分と成績が同じくらいの友だちがよいですね。

がんばっている人がそばにいると、自分もがんばりたくなりますし、自分と成績が同じくらいの友だちと切磋琢磨《せっさたくま》しながら一緒に勉強すると、やる気が出てくるのではないでしょうか。

●勉強って大事だと思う作戦

ちょっとネーミングがいまいちなのですが（笑）、これは、学習内容に価値づけを行うことでやる気をコントロールする方法になります。心理学では、「価値づけ方略」と呼ばれています。

勉強する内容が難しくても、「これは、自分にとって必要なんだ」とか「勉強の内容が将来の役に立つ」と想像しながら取り組むことでやる気をコントロールできる場合があります。

第一章で説明したように、活動（ここでは、勉強）の価値を十分に自分のものとして取り入れることができれば、自律的に行動することができます。

実際、勉強は大事なことなのですが（それについては、本書の目的に外れますので、ここでは言及しません）、みなさんにとってなぜ勉強が大事なのかを考えてみるのもよいかもしれませんね。

あなたのやる気を高める方法

これまで、やる気をコントロールする具体的な方法について見ていきました。

ここでは、ページ数の制限もあるため、五つしか紹介できませんでしたが、やる気をコントロールする方法は、他にもたくさんあります。

そのため、ここであげたものをまずは試すのではなく、やる気を高めるためにはどういう方法があるのかをじっくりと考えてもらいたいと思います。自分で考える過程がとても重要なのです。

時には、失敗することもあるでしょう。やる気を高める方法だと思ってやってみたら、逆にやる気がダウンしてしまったということもあるかと思います。そうした試行錯誤をくり返しながら、自分にとってどんな方法がベストなのかを探っていくことが重要です。

先にも言いましたが、効果的にやる気をコントロールする方法は、人によって異なります。みなさん自身でやる気を高める方法を考えてみましょう！

第三章　目標設定で差をつけよう

あなたは日々の目標がありますか？

「次のテストで、八〇点とる！」

「リフティングが一〇〇回以上できるようになる！」

「美容師になる！」

「毎日、お母さんのお手伝いをする！」


読者のみなさんは、何か目標をもっていますか。それはどのような目標でしょうか。

冒頭に、いろいろな目標をあげてみました。目標も人によってさまざまですよね。

目標をもっている人は、何だかきらきらと輝いており、充実した生活を送っているようにみえます。実際、心理学の研究では、目標をもって生きている人は、人生において満足感や幸福感が高いことがわかっています。また何よりも、目標をもってそれに向かって努力することが、やる気を高める効果をもつことが示されています。

心理学者のスナイダーは、希望をもたらすエネルギーの一つは「目標をもつこと」であると述べています。自分の中に揺るぎない目標をもっていると、どんな困難な状況でも希望を失わずに、前に進むことができるのです。逆に、何の目標ももっていないと、無為に時を過ごしがちで、生活に張りがなくなってしまいます。

人間の性質として、あまりやる気がわかない勉強や活動であっても、何らかの目標をもっていれば、なんとかその目標を達成しようと努力し行動しようとします。それはみなさんも実感があるのではないでしょうか。

そういう性質があるのであれば、目標を設定すれば、誰でもやる気を手に入れることができる、ということになりますね。そこで、やる気が起きない時には、まずは目標を立てることをお勧めします。

ただし、心理学者のロックは、「人の勉強や仕事に対するやる気と行動の違いは、目標の違いに由来する」と述べており、どのような目標を立てるのか、すなわち、目標設定のやり方が、やる気に大きく関わってくるのです。

そこで、この章では、やる気と目標の関係を掘り下げ、やる気を高めるような目標の設定の仕方について考えていくことにします。

目標設定がやる気につながる理由

ところで、なぜ、目標を設定することが、やる気を高めることにつながるのでしょうか。

その一つ目の理由は、目標は、めざすべき方向性を明確にし、必要な努力の程度を調節することにつながるからです。

目標を設定する際には、現在の状態と理想とする目標との間のギャップを認識します。そのギャップがどのくらいあるのかを認識することで、必要な努力の程度が見えてきます。

たとえば、「次のテストで八〇点とる」という目標を設定した場合に、現在の状態（今回のテストでは六〇点だった）と理想とする状態（八〇点とる）との間のギャップ（あと二〇点足りない）を意識します。

そして、その二〇点を補うために、今まで毎日一時間勉強していたのを「毎日、二時間勉強する」という具体的な計画を立てることにつなげます。

つまり、目標を設定することによって、それを達成するのに必要な努力の程度が調節されるため、何をすべきか行動が明確になるのです。ギャップが一種の緊張状態を生み出し、人はその緊張状態を解消しようと考えるので、必要な努力の程度を調整するように意識が働くのです。

目標設定がやる気につながる二つ目の理由は、努力によって、自身が設定した目標が達成されたときには、達成感や喜び、自信を感じることができるからです。それがまた、さらなる目標達成に向けて動き出す大きな原動力になります。

たとえば、先の例で、毎日、二時間勉強をして、テストで八〇点とるという目標を達成した後には、今度は、「次のテストでも八〇点とる」あるいは「次のテストでは八五点をとる」といったように、新たな目標に向かって進んでいくことになるでしょう。

このように目標は、行動を方向づけ、努力を増大させ、行動を継続させるためのやる気を生み出すと考えられています。

目標を立ててみる

目標とやる気の関係が少し見えてきたでしょうか。

では、それを受けて、ここで、三つほど、目標を立ててみてください。

そう言われたからといって、いきなり三つも立てるのは難しいと思いますので、まず一つ目の目標は、あなたにとって大きな目標、つまり、将来の目標や夢を一つ挙げてみましょう。次に、その将来の目標や夢を実現するための、具体的な目標を二つほど立ててみてはどうでしょうか。そうすると、三つの目標を立てられるのではないでしょうか。

〈目標を立ててみよう！〉

1

2

3

さて、三つの目標を立てることができましたか。

先に、やる気を高めるためには、目標を設定することが重要であることをお話ししましたが、だからといって、なんでもかんでも目標を設定すればよいという単純な話ではありません。当然、目標設定に失敗し、目標を達成することができなければ、挫折感を味わい、自信を喪失し、やる気を高めるどころか、かえって低下させる可能性もあるからです。

そのため、どのような目標をどのように設定すればよいのか、効果的な目標設定が非常に重要になってきます。

次からは、心理学の知見をもとに、効果的な目標設定の方法について説明していきたいと思います。みなさんは、自分で立てた三つの目標を念頭に置いて、読み進めてください。

最上位目標はあなたの人生において大切なもの

目標を設定する時には、今、みなさんにやってもらったように、まずは、大きな目標を立てることからはじめます。こうした大きな目標は、心理学では、長期目標とか最上位目標と呼ばれており、時間軸から見た場合に、より未来の目標となります。そして、その内容は、抽象的なものになることが多いです。

大きな目標を考える際には、単に目標を設定するというイメージではなく、自分の人生において、何が大事なのかを考えるほうがイメージしやすいかと思います。

それは、この長期目標あるいは最上位目標は、その人の生き方、人生哲学、人生そのものとでも呼ぶべきものになるからです。つまり、自分がどのように生きていきたいかに関わってくる問題なのです。

このように言うと、中学生や高校生のみなさんは、ちょっと難しく感じるかもしれませんが、これをきっかけに、みなさんにとって何が大事なのかを考えてみるとよいでしょう。

また、そんな大きな目標なんてないよ、小さな目の前の目標しか考えられないよ、と感じている人は、なぜ、その小さな目標を達成したいのかを考えてみましょう。どんなにささやかな目標であっても、それを大きく支えるものや、より遠くの目標というものがあるものです。

たとえば、中学生や高校生は、「テストで良い成績をとる」という目標を設定することが多いでしょう。では、なぜテストで良い成績をとるという目標を立てるのでしょうか？　よく考えてみてください。「よい高校・大学に入りたいから」、「いろいろな知識を身につけたいから」、「立派な大人になりたいから」、「自分の望む職業に就きたいから」といったように、最初の「テストで良い成績をとる」という目標よりも少し大きな目標にたどり着くのではないでしょうか。

このように小さな目標からでも長期的な目標がみえてきますので、まずは長期的な目標の輪郭に気づくために、あせらずじっくりと考えていってください。

七つに分類できる最上位目標

心理学では、こういった長期目標、最上位目標は、以下に示す七つに分類されると考えられています。

①「経済的成功」

物質的に豊かな生活を送ることを目標とするものです。たとえば「お金持ちになりたい」、「いい暮らしをしたい」。

②「社会的承認」

有名になり称賛されることを目指します。たとえば「有名になりたい」、「えらくなりたい」。

③「**魅力的外見**」

容姿、服装、ファッションにおいて魅力的になることが目標となるものです。たとえば「きれいに（かっこよく）なりたい」、「魅力的になりたい」。

④「**親和**」

「親和」ということばは聞きなれないかもしれませんが、これは、家族や友人と充実した関係を維持することを指します。たとえば「家族と良い関係を築きたい」、「友だちと楽しく過ごしたい」、「恋人と仲良く過ごしていきたい」。

⑤「**健康**」

体力を維持し病気を防ぐことを目標とするものです。たとえば「健康でいたい」、「長生きしたい」。

⑥「**社会的貢献**」

社会的貢献とは、積極的行動と寛容な精神で世界に貢献することをいいます。たとえば、「人のことを助けたい」、「まわりの人を幸せにしたい」。

⑦「自己成長・受容」

精神的成長、自律、自己肯定感を高めることを目標とするものです。たとえば、「人間として成長したい」、「よりよい人生を生きたい」。

みなさんがもっている最上位目標（長期目標）は、①から⑦のどの目標に近かったでしょうか。中高生にとっては、なかなか当てはまりにくい分類もあるかもしれませんね。

第一章で「外発的動機づけ（外からのやる気）」と「内発的動機づけ（内からのやる気）」について説明しましたが、目標に関しても、①から③は「外発的目標」、④から⑦は「内発的目標」と心理学ではわけられています。

心理学のさまざまな研究により、外発的目標よりも内発的目標のほうがいろいろな側面において優れている、ということがわかっています（これは動機づけにも当てはまる話でしたよね）。

具体的には、外発的目標よりも内発的目標をもっている人のほうが、不安や抑うつが小さい、人生での満足感が強い、友人・恋人関係が良好であるといった、心の健康が保たれていることが示されています。

外発的目標そのものが悪いというわけではありませんが、お金持ちになる、有名になる、きれいになる（かっこよくなる）といった外発的目標は、友だちと仲良く過ごす、健康でいる、人のことを助ける、成長するといった内発的目標に比べて、達成することが難しいため、その結果、心の健康が保てなくなるのではないでしょうか。

もちろん、こういった最上位目標は、理想、夢、人生哲学に近いものですので、それが達成できる、できないにかかわらず、どのような内容であってもよいのではないでしょうか。達成できるかどうかだけで、それを決めてしまっては人生はとてもつまらないものになってしまうからです。

最上位目標（長期目標）が何であろうと、自分の理想とする生き方に向かって日々努力すること自体が、みなさんの大きな財産になるに違いありません。

目標をより具体的なものにしていくには

ただし、最上位目標を立てれば、目標設定としてそれで終わりというわけではありません。

なぜなら、その目標は、内容によっては、達成できるのが数十年後ということもあるので、目標達成の喜びを感じたり、自信を強めたりする機会も少ないからです。そのせいで、途中で中だるみしてしまい、やる気を維持し努力を続けることが難しくなる場合もあります。

そこで、最上位目標を設定した後には、それを達成するために必要な具体的、短期的な目標を段階的に設定することが重要になってきます。その目標は、最上位目標に対して、下位目標と呼ばれています。

たとえば、「将来、お医者さんになっていろいろな人を助けたい！」という最上位目標を立てたときに、お医者さんになるための具体的な目標として、まずは、「○○大学医学部に合格する」という下位目標を設定し、そのために、「毎日、二時間勉強する」という、さらなる下位目標を設定することになるでしょう。そうすれば、目標を達成していくことで、達成感を得ることができるかもしれません。

あるいは、「きれいになる！」という最上位目標を立てたときには、それを叶《かな》えるための具体的な目標として、まずは、「一カ月で二キロやせる」という下位目標を設定し、その目標を達成するために、「毎日、ジョギングを一五分する」というさらなる下位目標を設定するとよいかもしれません。

このように、最上位目標を実現するための、具体的な下位目標を定めることが、最上位目標を達成するための手立てとなります。

挑戦的であり、実現可能なレベルを探す

では、その下位目標を定めるときのポイントはどこにあるでしょうか。

その重要なポイントの一つ目は、具体的な数字をあげたり、期限を明確にしたりするということです。たとえば、「できるだけたくさん勉強する」といった目標ではなく、「毎日、二時間勉強する」というふうに時間を決める。「できるだけたくさん運動をする」というものではなく、「毎日のジョギングを二カ月続ける」という目標に置き換え

るとよいでしょう。

目標が明確化されることによって、行動につながりやすいですし、何よりも、その下位目標を達成できたのかどうかが、自分で把握できます。

ポイントの二つ目は、自分の能力に合ったレベルで目標を設定することです。自分の最終的な夢、理想とする将来の目標は、実現が難しい大きなものでも構いませんが、下位目標は、実現可能で現実的な、小さな目標を設定することが大切です。

ここで、心理学の実験をひとつ紹介します。

それは、小学生を対象にした輪投げゲームを使った実験です。この実験では、子どもたちにいろいろな距離から輪っかを投げてもらいました。輪っかを投げてもらう前に、それぞれの距離について、成功する確率をどのくらいに感じるか、各自に答えてもらいます。その後、子どもたちには自由に輪投げを楽しんでもらい、実験者は子どもたちがどの距離から輪投げをする回数が多いのかをこっそり計測していました。ここでは、輪投げをする回数を、やる気の指標として扱っています。

では、結果はどのようになったでしょうか。子どもたちは、非常に難しいと感じる距

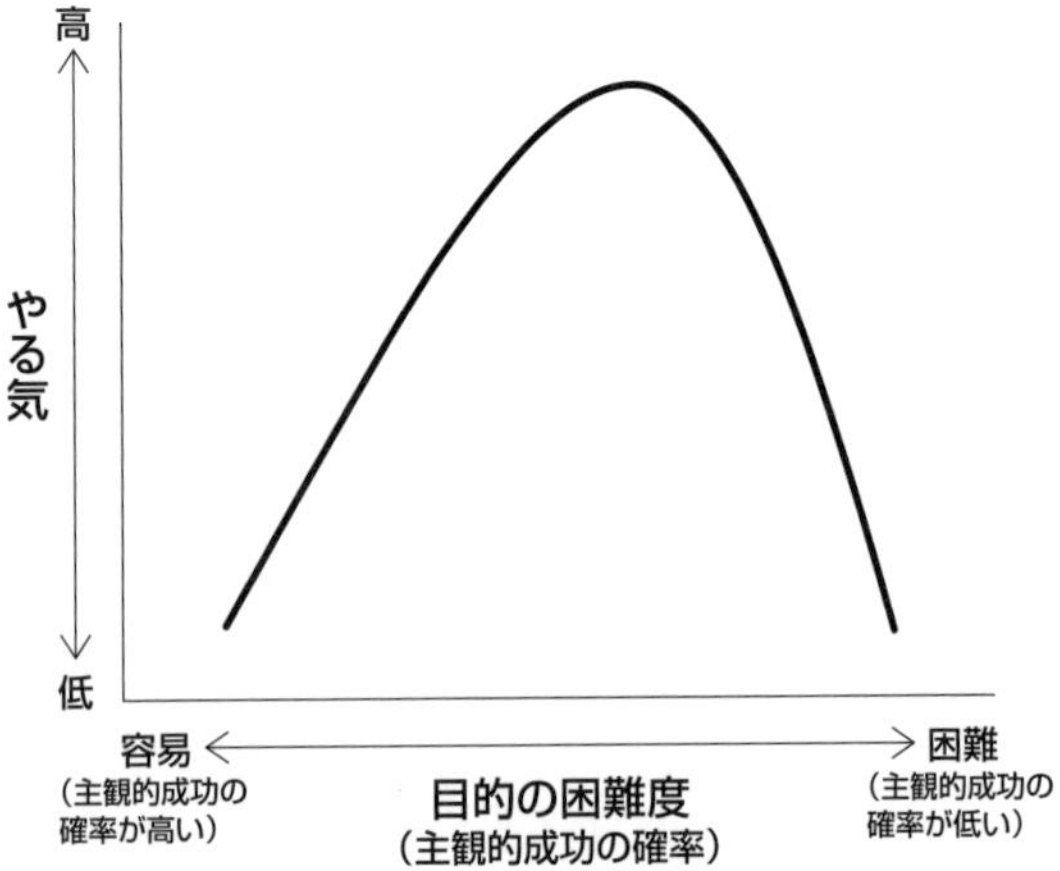

図 3-1　目的の困難度とやる気の関係

離からの輪投げを行うことは少なく、また非常に簡単だと感じる距離からもあまり輪投げをすることがなかったのです。

子どもたちが一番多く輪投げをしたのは、成功の確率が五〇％と感じている距離からでした。この実験からわかったことは、輪投げが難しすぎるとやる気を失い、一方簡単すぎてもやる気を失うということです。そのちょうど中間ぐらいがやる気が高まるようです。

それを一般化すると次のようになります（図3－1）。主観的な成功確率が低い行動ではやる気は低く、成功確率が高まるにつれてやる気も高まります。しかし、成功確率が五〇％のところでピークに達し、それ以上成功確率が高まると（課題が簡単になると）やる気は低下するということです。図にもある通り、成功確率とやる気の強さとは逆U字の関係にあるのです。

自分の能力をはるかに超えた困難な目標ならば、不安を感じますし、何よりも目標を達成できない可能性が高くなります。逆にあまりにもやさしい目標になると、退屈し、できた時の達成感が得られません。

一生懸命に努力すればできるかもしれない、やや困難な挑戦的な目標を設定することによって、やる気がより高まり、達成した時の喜びや満足感、ひいては自信につながりやすいのです。そしてその自信が、次なる目標へのやる気へと継続されます。下位目標においては、このようにがんばれば、なんとか達成できる目標を設定する必要があるのです。

最上位目標を常に意識する

さきに、最上位目標を実現するための、具体的な下位目標を定めることが重要であると述べましたが、下位目標に取り組むにあたって、それがより遠くの最上位目標である人生の目標とか夢に近づくための第一歩であることを、常に意識することが大事になってきます。

ここで、心理学の実験から得られた知見をひとつ紹介しましょう。

「やせてきれいになる！」という最上位目標を立てたあとに、「食事制限をする」（たとえば、「一日の摂取カロリーを一八〇〇以内にする」）という下位目標と「毎日、ジョギングを一五分する」という下位目標の二つを設定したとします。どちらも具体的な内容なので、やる気につながる良い下位目標でしょう。

かっこよく、きれいにやせるためには、この二つの下位目標をともに達成しなければいけません。だって、いくら食事制限をして体重だけ落ちたとしても、お腹がタプタプしていたり、顔がげっそりしていたりすれば、それはきれいにやせたとは言わないでしょう。適度な運動をしなければ、筋肉まで落ちて代謝が低下し、体の中が老けてしまいます（怖い！）。

しかし、心理学の実験によれば、人は一つの下位目標を達成すると、別の下位目標を追求しなくなることがわかっています。一つの下位目標を達成してしまうと、目標を完遂したという感覚が生じてしまうため、別の下位目標の存在を忘れてしまうのです。「やせてきれいになる」という最上位目標を達成するためには、両方の下位目標を達成することが大事なのに。

では、二つ以上の下位目標を達成するにはどうしたらよいのでしょうか？　この解決方法は、意外に簡単です。

常に、最上位目標を意識することです。下位目標の達成に向けて努力をしている時、私たちは最上位目標のことを忘れがちになります。それは、下位目標に取り組んでいる時の最優先事項は、下位目標を達成することだからです。なので、下位目標を一つ達成してしまうと、その下位目標を達成できた喜びや満足感に浸ってしまい、もう一つの下位目標の追求をやめてしまうのです。

そんな時に、上位目標の存在を意識すると、別の下位目標の追求へのやる気が高まることが示されています。

この知見を日常にあてはめて考えると、最上位目標の存在を忘れないように、その内容を紙に書いて、それを自分の部屋に貼《は》り付けておくなどするとよいかもしれませんね。否応なしに、最上位目標が目につきます。いろいろ方法はあると思いますが、下位目標を追求しているときにも、常に最上位目標を意識しておくことを忘れないようにしてください。

今がんばっていることが未来の自分につながると信じることができれば、たとえその道のりが遠くともやる気を失わずに前に進むことができるのです。

他者との比較ではない目標を立てる

最上位目標が七つのタイプに分類されていたように、下位目標にも分類があり、その特徴を知ることで、よりよい目標設定が可能となります。

その分類の一つが、「遂行目標」と「熟達目標」というものです。

遂行目標というのは、「ライバル（あるいは、ライバルチーム）に勝利する」とか「テストで一〇番以内に入る」といったように、競争に勝つことや相対的な基準をもとにした目標のことを指します。

テストの順位やスポーツの勝敗は、他者との比較を前提としているので、いくら自分（あるいは自分たち）が努力してがんばったとしても、相手がそれを上回っていれば、残念ながら達成できません。

遂行目標は、目標の達成を自分自身でコントロールすることができないという性質をもっているのです。

一方、熟達目標は、たとえば、「連立方程式が解けるようになる」とか「二段とびができるようになる」といったように、具体的な行動やスキルの向上を目標とするものになります。

こういった目標は、他者との比較ではないため、スキルが獲得できた、進歩した、といったように自分の能力が増大したかどうかに焦点が当てられるため、自分自身でコントロールできるという性質をもっています。

七八頁でみなさんが立てた下位目標（「2」や「3」の目標）は、遂行目標でしたか。それとも、熟達目標でしょうか。見直してみて、どちらに当てはまるか、考えてみましょう。

これまで説明してきたように、目標を設定すること自体重要ですが、自らが設定した目標を達成することも重要になってきます。それは、冒頭でも説明したように、目標を達成することによって、達成感や自信が強まるからです。そして、その達成感や自信が次なるやる気につながるからです。

そのため、下位目標においては、自分ががんばれば達成できる目標を設定することが重要になってくるのです。先の分類でいえば、他者との比較ではない「熟達目標」を目標とすることが望ましいといえるでしょう。

自分が努力をすれば、それが結果につながる。そして、自分が努力し、進歩したことそれ自体が自信を強めることになる。仮に目標達成に失敗したとしても、自分のやるべき行動が明確だから、やる気が低下することなく目標達成に向けた努力が継続される。

こうした流れができるとやる気は持続されます。

目標はいくらでも調整できる

いくら努力しても、目標が達成できない……。これは、誰もが経験することですよね。いくらがんばっても努力が報われない。そういった時はどこを改めるのがよいのでしょうか。

まず大事になってくるのは、なぜ、その目標を達成することができないのかを考えてみることです。その原因はどこにあるのかを、じっくりと自分で考えてみましょう。

「努力が足りなかったから」、「目標を達成するための計画や方法が悪かったから」、「目標が高すぎて自分の能力には合っていなかったから」、あるいは「その目標が自分にとって重要ではなかったから」など、その原因はいろいろと考えられます。まずは、その原因をきちんと見極めることから始めましょう。

原因を見極めることができたならば、それに応じた対処法を考えていきます。

努力が足りなかったと感じているならば、もうちょっとだけ努力の程度を増やしてみましょう。

目標達成の計画や方法が悪いと思ったならば、それを修正してみましょう。たとえば、「毎日、帰宅後二時間勉強する」という計画がうまくいかなかったのだとしたら、朝、学校に行く前に一時間勉強をして、夕方、家に戻ってきたらもう一時間勉強するという計画に切り替えてもよいかもしれません。

「一カ月で二キロやせる」という目標のために「毎日、ジョギングを一五分する」という目標を立てて実践したけれど、なかなかやせられなかったのならば、ジョギング一五分に加えて、カロリー制限を新たな下位目標として設定する方法もあるでしょう。

次に、目標のレベルが高すぎて自分の能力に合っていなかったとしたら、目標を再設定するのがよいでしょう。また、その目標が自分にとって重要でないと感じたなら、重要な目標に変更しましょう。

勉強が重要である人にとっては、「テストで良い点数をとる」という目標、ひいてはその下位目標である「毎日一時間勉強する」というのは実現可能な目標になりますが、そもそも勉強が重要でない人にとっては、「毎日一時間勉強する」というのは、達成が困難な目標になってしまいます。

とはいえ、自分にとっては重要ではないことでもやらなくてはいけないこともありますよね（たとえば、勉強でしょうか）。そんな時は、なぜ、勉強することが重要なのかを考えてみるとよいかもしれませんね（第二章で紹介した「勉強って大事だと思う作戦」を使いましょう！）。

このように、達成できない目標に対しては、なぜ達成できないのかその原因を見極め、設定していた目標を上手に調整することが大切です。

時にはあきらめることも大事

どんなに不《ふ》撓《とう》不《ふ》屈《くつ》の精神で目標を追求しても、さらには、目標達成できない原因を見極め、目標を調整しても、すべての目標が達成されるとは限りません。世の中には、達成できない目標もたくさんあります。

人生にはさまざまな困難が待ち構えており、むしろ達成できない目標のほうが多いのかもしれません。そのことは忘れないようにしてください。

私が実施した調査では、達成できない困難な目標をあきらめずに、いつまでも努力を続けていると、うつになりやすいという結果が得られています。

いくらがんばっても、目標を調整しても達成できない目標は、きっぱりとあきらめる勇気も必要です。そして、新たな別の目標を探し、それに向かって進んでいきましょう。

ひたむきな努力は必要です。しかし重要な最上位目標を達成するための「手段」にすぎない下位の目標にまで、不毛な努力を続けても意味がありません。

ひとつの目標に集中する「木を見て森を見ず」思考にとらわれていると、結局はすべてを手に入れられないことになってしまいかねません。ひたむきになると視野が狭くなって、他の大切な目標に気づけなくなってしまいます。

これまで専念してきたことから自分を解放し、負の感情を克服し、新しい目標を見つけて、それに合わせて行動を変えることは、容易なことではないかもしれません。しかし、時間や労力は決して無限ではありません。より重要な別の目標に、時間やエネルギーを割くことを考えましょう。

下位の目標が難しければ、臨機応変に切り替えます。そのため、具体的な下位目標（みなさんに書いてもらった「2」や「3」の目標）はいつでも修正できるよう、鉛筆書きにしておくとよいかもしれません（最初に言っておくべきでしたね）。必要に応じて修正したり、削除したりすることで、気持ちを切り替えられるはずです。

逆に、自分の生き方そのもの、自分の目指す生き方についての最上位目標（みなさんに書いてもらった「1」の目標）はサインペンで書くくらいの志があってもよいかもしれません。

やる気を高めることはなかなか難しい。やる気というものは、何もしないで突然わき上がってくるものではありません。ここで紹介した目標設定を上手に活用して、みなさんのやる気を高めていってください。工夫（目標設定）ひとつで、自身のやる気が高まります。

第四章　やる気を左右する周囲の存在

友だちがやる気に影響する

私たちは、たった一人で社会から孤立して生きているのではなく、さまざまな社会的相互作用の中で、有形にも無形にも影響を受けています。

そのため、どんなにやる気がある人だって、まわりからの影響を受けて、やる気がなくなることがあるでしょう。反対に、やる気がでないなと思っていても、そんな気持ちが吹き飛んでしまうこともあります。

その影響の受け方は時と場合によってさまざまです。優れた友だちの存在によって、やる気が出ることもあれば、逆に自分の不甲斐《ふがい》なさを思い知らされ、意気消沈したり、やる気がなくなったりします。

第四章では、周囲の人がどのようにやる気に影響を及ぼすのかをみていきたいと思います。

中高生のみなさんにとって、もっとも身近な友だちの存在がどのように人のやる気に影響を及ぼすかをみていくことにします。

鶏口となるも牛後となるなかれ

突然ですが、「鶏口《けいこう》となるも、牛後《ぎゅうご》となるなかれ」という格言を知っていますか？

これは、一般的には、牛は鶏よりも秀でているという考えから、「優れた集団の後ろにつくよりは、弱小集団でもトップになったほうがよい」というたとえになります。

心理学では、この格言が実際にあてはまるような現象が観察されています。

図４－１をご覧ください。ここに、ＡさんとＢさんがいるとします。

ＡさんとＢさんは、高校入学直前までは、ほとんど同じ成績でした。ところが、Ａさんは偏差値の高い進学校に入学したのに対して、Ｂさんはたまたま高校受験で失敗して

図 4-1 「井の中の蛙効果」の具体例

しまい、Aさんとは異なる、偏差値がそれほど高くはない高校に入学することになりました。こういうことは、現実にもよく起こることですね。

さて、ここでみなさんに質問です。同じ成績だったAさんとBさん、その後二人の成績は変化するでしょうか？　一見すると、偏差値が高い高校に入学したAさんのほうが成績が良くなるように思えます。

高校受験に失敗して、学業レベルがそれほど高くない高校に入学したBさんは、たいそう落ち込んだに違いありません。Bさんを含めた私たちの多くが、偏差値の高い高校に入学したほうが、成績をあげるのに何らかの形で有利に働くと考えているからです。

さて、その後、この二人の成績はどのように変化したのでしょうか。もちろん数カ月後に変化することもあれば、一年、二年先のこともあるでしょう。

ここでは仮に一年後、高校二年生の時に、どうなったかを示してみたいと思います。

Aさんは、よくできる生徒ばかりの高校だったため、まわりの友だちも優秀な人たちばかりでした。そのため、その優秀な友だちと自分を比較してしまい、自分は本当はあまり勉強ができないのではないかと落ち込んでしまい、勉強に対するやる気を失い、最終的には成績は悪くなっていってしまいました。

一方のBさんは、そこまで成績が良くない生徒が集まる高校なので、他の生徒と比べて成績が良いほうでした。自分よりも成績が悪い友だちと自分を比べて、「自分は勉強ができるんだ」と自信をつけます。そこから勉強に対するやる気もあがり、成績がさらに良くなり、一年後にはAさんよりも成績が良いというふうに変化しました。

高校入試の際には、二人の成績は同じだったのに、Aさんよりも偏差値が高くない高校に入学したBさんのほうが、最終的に良い成績を収めたのです。この現象は、一見すると不思議だと思いませんか？　それならばそもそも偏差値の高い高校を目指す必要はないことになります。

こうした現象は、「大きな池の小さな蛙《かえる》になるよりも、小さな池の大きな蛙になるほうがよい」という意味で、心理学では「井の中の蛙《かわず》効果」と呼ばれています。冒頭で紹介した「鶏口となるも、牛後となるなかれ」とも似た意味です。

ちなみに、「井の中の蛙《かわず》（大海を知らず）」という格言もありますが、こちらは、狭い世界に閉じ込もっている井戸の中の蛙は、広い世界があることを知らないで、いばったり自説が正しいと思いこんでいたりすることを意味しており、心理学で用いられる「井の中の蛙効果」とは少しニュアンスが異なっているので、注意してください。

あらためて、学術的に説明すると、心理学で用いられる「井の中の蛙効果」は、同じ成績の生徒であっても、レベルの高い集団に所属していると、優秀な生徒たちとの比較のために有能感が低下し、レベルの低い集団に所属していると、自分よりも劣った生徒たちとの比較のために有能感が高まる現象のことをいいます。

心理学者のマーシュが行った四四校の高校生七七二七名を対象にした調査では、同じ能力（成績）の高校生において、所属している高校の偏差値が高くなればなるほど、その人の有能感が低くなることが示されています。

ここでは、集団の例として「高校」を取りあげましたが、もちろん、高校に限らず、学校単位だけではなくクラス単位だったり、大学にも当てはまる現象です。さらには、この現象は勉強だけに当てはまるわけではありません。高校までは野球がうまくて注目を集めていた選手が、野球がとても強い大学（あるいは実業団）に入学（入団）して、自分よりも優れた選手を目の当たりにすることで有能感が低下し、すっかりやる気を失い、最終的には能力以下の成績しか収めることができなかったという例も、よく見られます。

このように、「井の中の蛙効果」といった不思議な現象がいろいろなところで見られることは、心理学のさまざまな研究を通して確認されています。

やる気を左右する有能感

先ほど、「井の中の蛙効果」の説明のところで「有能感」という言葉を使いました。これは少し聞きなれない言葉だと思いますので、少し説明をしておきたいと思います。なお、有能感は、心理学では「コンピテンス」や「自己概念」と呼ばれることもあります。

有能感とは「自分は○○ができる」、「自分は○○が得意である」、「自分は○○が苦手である」といったように、○○に対する自信のことを指します。

先の例では学校での成績の話だったので、「自分は勉強ができる」、「自分は勉強が苦手である」といった勉強に対する自信のことを指しています。

スポーツに関してであれば、「自分は運動が得意だ」、「自分はスポーツが苦手である」といったものになりますし、友だちとの関係だったら、「自分には友だちがたくさんいる」、「自分は友だちに嫌われている」といったものが有能感になります。

また、場面を限定しない一般的な有能感もあります。これは、「自尊感情」と呼ばれているもので、成績、スポーツ、人間関係といったケースとは関係なく、自尊感情が高ければ、さまざまなことに「自分はできる」と思い、反対に自尊感情が低ければ、「自分は無能だ」と感じてしまいます。

なお、「自分は勉強ができる」とか「自分は勉強が得意である」という認識を、心理学では、「有能感が高い」とか、「肯定的な有能感を形成している」と言います。

反対に、「自分は勉強ができない」とか「自分は勉強が苦手である」については、「有能感が低い」とか、「否定的な有能感を形成している」と言います。

ここで有能感について説明してきたのは、有能感と「やる気」とは大きな関係があるからです。

「自分は勉強ができる」という肯定的な有能感を形成するとやる気が高まります。一方で「自分は勉強ができない、だから何をやっても無駄だ」という否定的な有能感を形成するとやる気が低下するのです。これはみなさんの実感ともあっているでしょう。

マイケル・ホワイトという心理学者による研究では、人間は誰でもこの肯定的な有能感を感じることによって、次なる行動に向かっていくやる気を持ち続けることがわかっています。

有能感は、やる気だけではなく、実際の行動においても良い結果をもたらす重要な要因になります。いかに、肯定的な有能感を形成することができるのかが、やる気を左右する重要なポイントであるといってもよいでしょう。

なぜ「井の中の蛙効果」が生じるのか？

有能感の大切さを理解してもらったところで、話を「井の中の蛙効果」に戻しましょう。

では、なぜ、「井の中の蛙効果」といった一見すると違和感のある現象が生じるのでしょうか。

能力が同じである人が、レベルの高い集団に所属していると、否定的な有能感を形成しやすく、レベルの低い集団に所属していると、肯定的な有能感を形成しやすいのはなぜでしょうか？

この章の冒頭でも述べたように、私たちは社会から孤立して生きているわけではありません。私たちはいろいろなタイプの人の中で、さまざまに影響を受けあい、いろいろな人と比較をしながら、自分自身を評価、判断し、有能感を形成しています。

たとえば、学校のテストで八〇点をとったとしましょう。このときに、九〇点以上をとっている友だちがまわりに多ければ、あなたは否定的な有能感を形成しやすくなります。

一方で、まわりの友だちが五〇点くらいしかとっていなければ、肯定的な有能感を形成しやすくなります。まわりの友だちと比べて、「自分はできる！」と思うからです。

このように、同じ八〇点だったとしても、肯定的な有能感を形成したり、否定的な有能感を形成したりするのは、私たちの有能感が、他者との関係の中でかたちづくられるものであることを物語っています。

最初に紹介した例では、Aさんにとってはまわりの優れた生徒たちが、Bさんにとっては自分よりもできない生徒たちが、自己評価の判断基準（心理学の専門用語では「準拠枠」）となったために、Aさんは否定的な有能感を形成し、逆にBさんは肯定的な有能感を形成したのです。

同じ能力であっても、どのような集団に所属するかで、有能感が異なってくるわけです。

なぜ「井の中の蛙効果」が生じるのか、その理由は、私たちがさまざまな人と一緒に生きているからに他なりません。

「井の中の蛙効果」が及ぼす影響

では、Aさんのように、優れた人たちの集団に所属したために、否定的な有能感を形成することになってしまった人には、どのような影響が生じるのでしょうか。

先にも少し述べましたが、肯定的な有能感は、心理においても、実際の行動においても望ましい結果をもたらすための重要な要因です。一方で否定的な有能感を形成すると、勉強に対するやる気が低下し、その結果、学業成績が低下する傾向にあります。

心理学者のマーシュが行った三六校の高校生一万四八二五名を対象にした縦断的な心理学の研究では、入学した高校の偏差値レベルが高くなればなるほど、高校二年生の時と三年生の時の有能感が低くなることがわかっています。さらには、勉強や職業に関するやる気が低くなること、勉強に対する努力をしなくなること、そしてテスト（標準化されたテスト）の成績が悪くなることが示されています。

このように、入学した高校の偏差値が高ければ高いほど、有能感にとどまらず、さまざまな側面においてネガティブな影響が生じることが明らかになっています。

さらには、さまざまな研究によって偏差値の高い高校へ入学することによって、成績が悪くなってしまうプロセスには、有能感が媒介することが明らかになりました。

ここで「媒介」という言葉を使いましたが、これは、二つのものの間にあって、両者の関係のなかだちをするものをいいます。ここでは「偏差値の高い高校に入学すること」と「成績の悪化」の間に、「否定的な有能感」があるという意味です。

また、こうしたレベルの高い高校に入学することは、高校時代においてのみならず、大学時代にも影響を与えます。ある研究によれば、その影響が大学二年生の時にも及び、勉強に対するやる気や努力、授業の出席率などにおいてネガティブに働くことが明らかになっています。また、四年間追跡した調査研究でも、そのネガティブな影響は長期間継続し、時を経るごとに強まることがわかっています。

さらには、その影響は、勉強のみならず、一般的な有能感や人間関係における有能感まで低下することを示す研究もあります。

このように、さまざまな側面で長期にわたって、「井の中の蛙効果」がネガティブな影響を及ぼすことが確認されています。

何だか恐ろしいことですね。良かれと思って偏差値の高い高校に入学したことで、さまざまなネガティブな影響を被るのですから。

心理学者のマーシュは、「子どもが小さい頃に抱く否定的な有能感——つまり、自分はまわりと比べて勉強ができないのだと思うこと――は、学業レベルの高い学校に行くことで得られる利益以上に有害となる」と述べています。

偏差値の高い学校に行くことには、利益と同様に(あるいは利益以上に)、さまざまな弊害があることを、私たちは知っておかなければいけないでしょう。

「井の中の蛙効果」は悪いことばかりじゃない

ここまで、「井の中の蛙効果」のネガティブな面ばかりに焦点を当てて話を進めてきましたが、「井の中の蛙効果」はなにも悪いことを示すだけの現象ではありません。

最初のほうでも述べたように、「井の中の蛙効果」では、あまり優秀ではない生徒が多い学校やクラスの中で、彼らと自分を比較することでポジティブな有能感を形成することがあるからです。

それは、「大きな池の小さな蛙になるよりも、小さな池の大きな蛙になるほうがよい」ということの格言の元々の意味からもわかります。

ここで、冒頭で紹介したAさんとBさんに話題を戻すことにしましょう。

二人は高校入学直前までいつも成績を競い合う仲でした。

ところがBさんは運悪く（体調が悪かったのかもしれないですね）、高校受験で失敗してしまい、Aさんが合格した高校よりも、偏差値が低い高校に入学することになってしまいました。この時点では、Bさんがかわいそうに思えますね。

ところがBさんは、高校に入学すると、まわりの生徒たちと比較し、有能感が高まり、勉強に対するやる気が向上し、そして最終的にはAさんよりも良い成績を収めることになったと説明しました。

このような効果を利用することで、有能感を高めてプラスの影響を与えることもできます。たとえば、心理学のある研究では、成績があまり良くない生徒は、普通クラスに在籍するよりも、クラスを能力別に編成して、能力にあったクラスに在籍してもらうほうが、有能感にプラスの影響を与えることが示されています。これは普通クラスでは自分よりも成績が良い生徒がたくさんいるけれど、能力別であれば、自分と同じぐらいのレベルの生徒が集まるため、有能感が無駄に低下することがないからです。

同様に、何らかの障害を抱える子どもは、普通クラスよりも特別クラスに在籍するほうが、有能感にプラスの影響を与えることが示されています。また、自分の能力に見合った集団に所属することは、勉強に関する有能感のみならず、一般的な有能感（自尊感情）や人と接する際の有能感においてもポジティブな影響が見られることが確認されています。

意図的な比較なら問題ない

これまで見てきた「井の中の蛙効果」は、勉強の成績が良い集団に所属すると、日々優秀な人たちとの比較にさらされるため、「自分は勉強ができない」といった否定的な有能感を形成しやすい現象のことでした（もちろん、先に述べたように、その逆もありま す）。

こうした現象は、他者との比較の結果、生じるものです。ただし、この「他者との比較」は、本人の意図したものではなく、無意識的なものであると考えられます。

言い換えれば、意識的にまわりの友人と比較しようとした結果ではなく、常日頃接している友人だからこそ、知らず知らずのうちに比較してしまった結果といえるのです。私たちは、意図的に比較しようと思わなくても、身近にいる人とは否応なしに比較する（比較させられる）ものです。そのため、「井の中の蛙効果」は、集団に所属しているから発生するもので、強制的に比較させられた結果であるといえるでしょう。

では、そのような強制的な（無意識的な）比較ではない場合は、その効果はどのようにあらわれてくるのでしょうか。

目標に応じて、ある人が意図的に行っている比較——たとえば、優れた学業成績の友人のように自分もなりたくて、その友人と自分を積極的に比較する——は、私たちにどのような影響を与えるのでしょうか。

こうした意図的な比較と強制的な（無意識的な）比較とでは、その意味合いが全く異なってきます。

心理学では、一般的に、意図的に比較する相手としては、自分と類似した他者が好まれるといわれています。ただし、能力を比較するときに限っては、自分の能力を向上させるために他者をしのごうとする向上心の力が作用するため、自分の能力よりもほんのわずかに優れている他者との比較を好む、と考えられています。

ここで私が行った調査を紹介しましょう。中学一年生を対象に、日ごろ、自分が成績を比較している友人の名前を挙げてもらいました。そして、この調査対象となった中学一年生と、その中学生が日ごろ成績を比較している友人の実際の成績を比べてみたのです。その結果、本人の成績よりも、比較している友人の成績のほうがちょっとだけ良いことがわかりました。

このように、私たちは、自分よりも多少能力（成績）が良い人との比較を好む傾向にあるようです。

また、自分よりも優れた他者と意図的に比較する人は、向上心が強いため、やる気が高まり、その結果、自身のパフォーマンスが向上しやすい傾向にあることが示されています。

逆に、自分よりも劣った他者と意図的に比較する人は、傷ついた自尊心を守りたいとか、あるいは優越感を得たいといった消極的な理由で比較していることが多いため、やる気が高まることはなく、パフォーマンスも向上しないといわれています。ただし、自尊心は守られます。

先に紹介した私が中学生を対象に行った調査では、自分よりも成績が良い友人と比較をしている中学生と、自分よりも成績が悪い友人と比較をしている中学生に分けて、その後の学業成績の変化について調べてみました。その結果、自分よりも成績が良い友人と比較をしている中学生は、その後、自身の学業成績が向上する傾向にあったのですが、自分よりも成績が悪い友人と比較をしている中学生は、その後、自身の学業成績が低下する傾向にありました。

このように、意図的に自分よりも優れた他者と比較することは、向上心の力が作用したり、自分を鼓舞しやる気を促進させたりすることがあるため、やる気やパフォーマンスに対してポジティブな影響が見られるのです。

ただし、その効果はいつも有効なわけではありません。優れた他者との比較によって有能感が脅威にさらされ、意気消沈しやる気が低下し、そして遂には、パフォーマンスが低下することもあります。

みなさんだって、そういう経験があるのではないでしょうか。友だちが自分よりも優れていると、自分の不甲斐なさに目が向き、やる気がなくなることを。

このように、自分よりも優れた友だちと比較することには、ポジティブな影響とネガティブな影響の両方があります。では、その影響は何によって決まるのでしょうか？その要因の一つは、その人がもっている「有能感」の違いです。

さきほどの私が行った調査によれば、自分よりも成績が良い友人と比較をする中学生は、学業成績が向上しやすいと述べましたが、もう少し詳しく、中学生にアンケートをとって有能感を測定し、分析しました。そうすると、有能感が高い場合は、自分よりも優れた友人と比較していた中学生は、やる気が高まって、その結果、学業成績の向上が見られたのですが、自身の有能感が低い場合には、いくら自分よりも優れた友人と比較していても、学業成績の向上が見られないことがわかりました。

自分よりも優れた他者と比較することでやる気、ひいてはパフォーマンスを高めることができるかどうかは、有能感が鍵を握っているのです。そういう意味においても、好ましい有能感の形成はとても重要になってきます。

「井の中の蛙効果」からいえること

これまでの話から、もし仮にあなたがBさんと似たような立場になったとしても、悲観する必要はありません。

Bさんのように、有能感が高まり、そして、やる気も高まるのですから。

無理をして能力以上の集団に身を置くよりも、よっぽど有益な影響を被ることになるでしょう。レベルの高い集団に所属できなかったことを嘆くのではなく、今の場所で精一杯がんばればよいのです。

問題はAさんのように、偏差値の高い学校（もちろん、学校じゃなくても）に入学した場合です。

たまたま運よく、レベルの高い学校に入学した、つまり自分の能力以上の集団に所属することになった場合はつらいですよね。まわりを見回すと、自分よりもできる人たちばかりです。優れた人たちとの比較によって、有能感は低下し、勉強に対するやる気も低下し、最悪な成績を収めるという将来を描くことになってしまう可能性もあるでしょう。

ただし、好んでレベルの低い集団に所属することを勧めているわけではありませんので注意してください。

では、Aさんのように、レベルの高い集団に所属した時、否定的な有能感を形成しないためには、どういったことに気を付ける必要があるのでしょうか？

そのヒントはこれまで読んできたところにありますので、少し考えてみてください。

否定的な有能感を形成しないために

そのヒントを探るために、もう一度これまでの内容を振り返っておきましょう。Aさんはまわりの優れた生徒たち、Bさんは自分よりも勉強が苦手な生徒たちが、自己評価の判断基準でした。

そして、この自己評価の判断基準によって、それぞれ異なる有能感を形成していたのです。

そうであるならば、この自己評価の判断基準を変えることで、有能感も高めることができるはずです。

この例でいえば、Aさんは、学校内やクラスの友だちと比較した評価ではなく、全国統一テストなどの学校よりも規模の大きいテストによって自己評価を行うことができます。そうすると、まわりの友だちとの比較よりも良い自己評価ができる可能性がありま す。肯定的な有能感を高めるためには、このようにもう少し幅広い対象を自己評価の判断基準として用いればいいのです。

また、まわりにいる優れた人たち（集団）を自己評価の判断基準にするのではなく、自分の目標とする友だちを誰か一人決めて、その友だちと積極的に比較する、というやり方もよいかもしれません。本人も意識することなく、なんとなく集団と無意識的に比較してしまうよりも、意識的に比較したほうが効果があることは先にも述べた通りです。

また、そもそも「井の中の蛙効果」という現象は、私たちがまわりの人と「比較をする」から起こる現象です。まわりと比較をしながら自分自身を評価するがゆえに生じるものです。

だったら、まわりの人と比較をしなければよい、という考え方もできます。なるほど、一理ありますね。ただ、これは理論的に考えるとそうなのですが、私たちは元来比較する生き物なので、これはなかなか難しいでしょう。

だとしたら、他者や集団ではなく、過去の自分と比較するというのはどうでしょうか？

「友だちの○○よりも、自分は一〇点も点数が低かった」と考えるのではなく、「前回のテストよりも、五点も高かった」と考えるのです。これなら何だかできそうですね。

心理学の研究において、人と比較することよりも、過去の自分と比較するほうが、有能感が高まることがわかっています。比較することが好きな人は、友人とではなく過去の自分と比較してみましょう。

さらには、自分が所属している集団を好きになれば、有能感が低下しにくくなるという研究結果もあります。

集団の一員であることに価値を置いていない人は、自分が所属している集団が優れた成績を収めているのに対して、自分自身の成績が悪い時には、ネガティブな感情を抱く傾向にありますが、自分が集団の一員であることに価値を置いている人には、そうしたネガティブな感情を抱く傾向が見られないことがわかっています。

つまり、自分も優れた集団の一員であり、自分が所属している集団を誇りに思うことで、有能感が低下する「井の中の蛙効果」をなくすことにつながるかもしれません。有能感を低下させない、あるいは有能感を高める方法は他にもありますので、みなさんも考えてみてください。

有能感を高めること以外にも

この章では、有能感を高めることについて、ページ数を割いてお話ししてきましたが、私たちのやる気を高めるために大事なことは、有能感を高めること以外にもう二つあります。最後にそのお話をして、この章を終えたいと思います。

人がやる気をもって、日々生き生きとした生活を送るためには、三つのことが満たさ

図 4-2　心の機能維持に欠かせない三大要素

れる必要があると考えられています。心の機能維持のために欠かせない三大栄養素とでもいうべきものです。それは、すでにお話ししてきた「有能感」と、残りは「関係性」と「自律性」です。

人間には誰しも「有能感」、「関係性」、「自律性」の欲求がそなわっていて、その欲求が満たされると、こころの健康が保たれると考えられています（図4-2）。

「有能感」というのは、すでに紹介してきたように、自信のことですが、「有能感の欲求」というのは、自信をもちたい、いろいろなことができるようになりたいといったものになります。

「関係性の欲求」というのは、まわりの人と親密で協力的な対人関係を築き、人とのつながりを感じたいという欲求になります。たとえば、「親には、私のことをちゃんと見守ってほしい」、「先生と気楽に相談できるような関係を持ちたい」、「何でも話せるような友だちが欲しい」といったものになります。

最後の「自律性の欲求」というのは、ちょっと難しく感じられるかもしれませんが、自分の行動が外からの働き（たとえば、環境やまわりの人）によって起こされるのではなく、自ら行動を起こしたいという欲求になります。たとえば、「親や先生から言われて勉強するのではなく、自分で進んで勉強したい」とか「自分で勉強する内容を決めて勉強したい」といったものです。

人間には誰しもこの三つの欲求——有能感の欲求、関係性の欲求、自律性の欲求——がそなわっていて、この三つの欲求がバランスよく満たされると、いろいろと良い状態になると考えられています。良い状態というのは、たとえば、心の健康状態が良くなるとか、やる気が高まるとか、パフォーマンス（学業成績）が向上するとか、他者との関係性が良くなるとか、です。心の機能を維持するために欠かせない三大栄養素が充足されることによって、ウェルビーイング（幸福感）の向上や人格的な成長にもつながるのです。

それでは、心の機能を保つために欠かせない三大栄養素であるこの欲求は、どのように充足されるのでしょうか。それは、他者との相互作用の中で充足されると考えられています。そこで、三つの欲求を満たすためには、周囲（学校の先生や保護者、友人）のサポートが大切になってきます。

この章では、中高生のみなさんにとって、もっとも身近な存在である友だちに焦点を当てて、いろいろとお話ししてきたのですが、三つの欲求を満たすためには、友だち以外にも、家族や先生のサポートが大事になってくるのです。

みなさんが肯定的な有能感を形成する（有能感の欲求を満たす）ためには、みなさんのポジティブな変化に気づき、それをフィードバックしてくれるまわり（家族や先生）の存在が重要になってきます。

同じく、関係性の欲求を満たすためには、自分のことを見守って支えてくれる、親や先生、友だちの存在が必要になってきますし、自律性の欲求を満たすためには、まわりが過干渉、過保護にならないような、自律性を支援するようなサポートを提供する必要があります。読者のみなさんが自ら行動を起こしたことに対して、〝ダメ〟と注意をされたり、何か制限的な発言をまわりがしたりすると、「自律性への欲求」の充足が阻害されることになります。家族や先生といったまわりからのサポートについては、みなさん自身でコントロールすることができない側面もあるのですが、何でもかんでも親や先生の言う通りにするのではなく、制限がある中でも、自分で自己決定する、自己選択する癖をつけていくとよいかもしれませんね。

さて、みなさんは、心の健康を保つために欠かせない三大栄養素は満たされているでしょうか？

第五章　ネガティブでも大丈夫？

心配しすぎはやる気がないの？

第五章では、私が研究している「悲観主義」のことをお話ししたいと思います。

読者のみなさんは、悲観主義とやる気には何の関係があるの？　悲観的な人はそもそもやる気がない人なんじゃないの？　と思うかもしれませんね。でも、この章を読み終える頃には、両者の関係や、なぜ私がここで悲観主義のことをとりあげたのか、その理由がわかると思います。

まずは、次のような例からはじめていきましょう。

来週の授業で、クラスのみんなの前で発表することになったA子さん。もともと不安傾向の強いA子さんは心配で仕方がありません。

「話す内容を忘れて、頭の中が真っ白になるのではないか……」

「自分の声が小さくて、クラスの友だちが聞きとれないのではないか……」

「準備が十分ではないと、先生に怒られるのではないか……」

「質問に答えられないのではないか……」

と、次から次へと不安がおそってきます。

はたして、A子さんはクラスのみんなの前でうまく発表できるでしょうか。

結果についてはこの章の後半でお伝えします。

ポジティブ思考が善でネガティブ思考は悪?

このように物事についてネガティブに考えるよりは、物事はポジティブに考えたほうがよい。

読者のみなさんの中には、そう思っている人が多いのではないでしょうか。書店には、

「成功するためには常にポジティブでいよう」といった楽観的になるための自己啓発の本が溢《あふ》れかえっています。

心理学の世界でも、「ポジティブ思考が美徳である」というのが、これまでの支配的な考えでした。

では、なぜ、ポジティブ思考がよいものとされているのでしょうか。

そのことを考えるために、「来週、学校で試験がある」という場面をちょっと想像してみてください。その時、「きっとうまくいくさ！」と考えますか。それとも、「悪い成績になってしまったらどうしよう」と考えますか。

心理学では、良い（ポジティブな）結果を期待する傾向を「楽観主義」、悪い（ネガティブな）結果を予期する傾向を「悲観主義」といいます。

先の場面で、「きっとうまくいくさ！」と考えた人は、楽観主義の持ち主（「楽観主義者」）になります。一方で、「悪い成績にならないだろうか」と思った人は、悲観主義の持ち主（「悲観主義者」）になります。先に紹介した不安傾向が強いA子さんは、まぎれもなく悲観主義者です。

一般的には、楽観主義と悲観主義では、楽観主義のほうが望ましいと思われていることはみなさんも想像できるでしょう。

心理学の研究でも、楽観主義者は心身の健康状態が良く、感染症にかかりにくく、パフォーマンスが高い一方で、悲観主義者は無気力で希望を失いやすく、簡単にあきらめてしまうため、能力以下の成績や業績しかあげられないことが実証的に確認されています。さらには、楽観主義者のほうが悲観主義者よりも長寿である、というデータもあるくらいです。

こうしたデータから、「楽観主義者は成功する」といわれており、それは裏を返すと、「悲観主義者は失敗する」ということになります。

悲観的に考えるとその通りになる?

それでは、なぜ、楽観的であると成功することが多いといわれるのでしょうか。

それは次のような理由によります。

楽観主義者は、将来に良いことが起こるだろうと予想します。当然、自分の行動の結果についても良いものになるだろうと考えます。たとえば、試験では良い点数をとるだろうとか、試合では良いプレイができるだろうとか、友人関係はうまくいくだろうといった具合に。

自分の行動がもたらす結果への期待は、やる気を引き出します。みなさんも「きっとうまくいく」と成功を確信することができれば、やる気がわいてきますよね。

そして、やる気は、行動を引き起こす大きな原動力なので、これから起こりえる状況に対して前向きに挑戦することができます。一生懸命に試験勉強をする、部活動の練習に励む、人間関係が良好になるようにするといったように。

楽観主義者は、自分がその目標に到達する可能性が高いと信じきっているので、他人の助けを借りることを含めて、障害を乗り越える方法をいくつも試し、次々に困難を乗り越えることが多いのです。

「ポジティブに考えるとその通りの結果になる」というポジティブ思考に関する定説は以上のことから導き出されたものなのです。

徳川家康と交流のあったウィリアム・アダムス（日本では「三浦按針《あんじん》」と呼ばれていました）が、「知恵とは、自分の望むものを信じることであり、その信念は、目標を実現するために必須の条件の一つである」と述べているように、こうした考え方は昔から一般的に認知されています。

では、ここで、ポジティブ思考の定説を正反対に裏返して考えてみましょう。そうすると、「悲観的に悪い結果を予想すると、本当にその通りになってしまう」、という定説ができてしまいます。

確かに、これにも一理あるような気がしますね。

どうせテストで良い点数がとれないだろうと考えている人は、勉強に対するやる気がわいてきません。その結果、勉強しないので、当然、テストの結果は悪いものになってしまいます。

このように、将来の結果に対する予想とやる気には相関関係があります。相関関係とは、一方が変われば他方も変わるというような関係のことで、一方が増加する時、他方が増加もしくは減少する傾向が認められる関係をいいます。

ここでは、成功すると予想すればやる気が上がり、失敗すると予想すればやる気が下がりやすいという相関関係がみられます。

しかし、あくまで、全体的な傾向として相関関係があるのであって、全員にこれが当てはまるわけではありません。そこには個人差が見られるのです。

たとえば、人に褒められることでうれしくなりやる気が高まる人もいれば、叱られることで「なにくそー」と自分を叱咤《しった》激励し、やる気がふつふつとわきあがってくる人もいるでしょう。

そういった例から考えると、やる気を高める原動力は、人によって違う可能性があるのです。

悪いほうに考えることで成功している人もいる

心理学の世界では長年、楽観主義者が成功しやすく、悲観主義者が失敗しやすいと考えられてきました。それは、「ポジティブ思考が善で、ネガティブ思考が悪」という一般的な考え方と同じです。

ところが、近年、悲観主義者のなかにも、「物事を悪いほうに考える」ことで成功している人がある程度いることがわかってきました。そういった傾向にある人は、前にある行動でうまくいったとしても、「前にうまくいったから、今度もうまくいく」とは考えないで、これから迎える状況に対して、最悪の事態を想定します。冒頭でとりあげたA子さんのように、最悪の事態をあらゆる角度から悲観的に想像しては、失敗を想定するのです。そういった考え方をする人を心理学では、防衛的悲観主義者といいます。また、こうした考え方を防衛的悲観主義と呼びます。

このような防衛的悲観主義は、とりわけ、不安傾向が強い人に有効な心理的作戦となりうるのです。

余計なプレッシャーから解放される

防衛的悲観主義が「物事を悪いほうに考える」ことで成功する理由には、二つのポイントがあります。

まず一つ目は、悲観的に考えることで、不安をコントロールできる点です。不安はパフォーマンスを阻害する大きな要因の一つです。不安が生じると、向かうべき課題に集中できなくなります。不安に押しつぶされてしまって、本来の実力が発揮できなかったという経験は、誰にもあるでしょう。防衛的悲観主義者は、とりわけ不安が強い傾向にあるのです。

このパフォーマンスの障害となる「不安」という感情は、これから遭遇する状況では何が起こるのかわからないといった思いから、生まれるものです。失敗するのか、それとも成功するのか、自分が赤っ恥をかくのか、はたまた脚光を浴びるのかがわからないから不安になるのです。

もし、これから起こることに多少なりとも確信を持つことができれば、その不安はずいぶんと和らぐでしょう。もちろん、それですべての不安がなくなるわけではありませんが、結果があらかじめイメージできていれば、ある程度、落ち着いて取り組むことができるはずです。

楽観主義の人は「自分は成功するにちがいない」という確信をもち、自分が成功するのか、それとも失敗するのかについては考えないのです。考えると不安がおそってくるからです。

極力結果について考えることを避け、ただやるべきことをやるだけ。これが楽観主義者が使う心理的作戦になります。さらには、彼らは本番前には、音楽を聴いてリラックスしたり、読書をして気晴らしをしたりすることが多いです。本番前には、不安に対処するのではなく、不安が生じることを避けようとするのです。

これに対して、防衛的悲観主義の人は、これから遭遇する状況において「悪い結果が出るにちがいない」と確信します。そう考えることで、何が起こるのかわからない不安から逃れることができるからです。

「良い結果が出る」ではなく「悪い結果が出る」と予想することで、成功しなくてはいけないというプレッシャーからも解放されることになります。くり返しいいますが、防衛的悲観主義の人は、ことさら不安傾向が強いから、このように考えるのです。

つまり、防衛的悲観主義者が最悪な事態を予想するのは、自分の目標の障害になる不安をコントロールするためと言えます。

さらには、こういった心理的作戦には、とても魅力的なメリットがあります。「自分は失敗するにちがいない」とあらかじめ予想しておくことによって、実際に失敗した時のショックを和らげることができるのです。

読者のみなさんにも経験があるのではないでしょうか。成功を期待していて失敗するよりも、あらかじめ失敗を予想しておいてその通りになるほうが、ショックが少なかったという経験を。

防衛的悲観主義の人が用いる悲観的思考は、実際に失敗したときに落ち込まずにすむ緩衝材（クッション）となっているのです。

自分が傷つくことをあらかじめ防衛しておくことが、「防衛的悲観主義」とよばれる理由でもあります。もちろん、そうした考えでも、実際に失敗すると、がっかりすることもありますが、現実を受け止め、次に頑張ろうとするやる気までは奪われないですむのです。

失敗する状況をイメージし、対処する

「物事を悪いほうに考える」ことで成功する二つ目のポイントは、予想できる最悪の事態を見越して、それを避ける最大の努力を行うというプロセスにあります。悪いほう、悪いほうへと予想し、考えられる結果を鮮明に思い浮かべることによって、その対策を練りあげ、実行に移すことができるのです。

防衛的悲観主義は、これから起こる出来事を、うんざりするほど悪いほう悪いほうに想像してしまいます。それはもう名人かと思うほど、ありとあらゆる失敗の可能性を考えることができるのです。

冒頭にあげたA子さんは、「話す内容を忘れて、頭の中が真っ白になるのではないか」、「自分の声が小さくて、友だちが聞き取れないのではないか」、「準備が十分ではないと、先生に怒られるのではないか」、「質問に答えられないのではないか」といったように、来る日も来る日も悲観的に失敗の可能性を考え続けていました。

しかし、このネガティブ思考は、ただのネガティブ思考ではありません。彼らは、ありとあらゆる失敗の状況をイメージ・トレーニングしているからです。考えられる限りのネガティブな結果を具体的に想像することによって、おのずとやるべきことは見えてきます。

そして、具体的な対策が定まると、防衛的悲観主義者といえども、もう迷いはありません。あとはただやるべきことに集中するだけです。たとえば、A子さんは失敗を想定した後、自宅で何度も何度も発表の練習をくり返し、来るべき質問を想定した回答例を作り、家族をクラスのみんなに見立てて、質疑応答の練習をするでしょう。

その時には、不安もすっかり忘れているにちがいありません。

こうして、用意周到に準備ができた防衛的悲観主義の人は文字通り、「何が起きても大丈夫」という自信のもとで、積極的な態度で本番を迎えることができます。

どんな事態が起きても、それに対処すべき青写真が頭の中にクリアに入っているので、何も恐れることはありません。まさに不安に打ち勝った状態です。

ここでA子さんの発表の結果をお伝えしましょう。悪いほう、悪いほうに想像し、徹底的にその対策を練りあげたA子さんは、本番を迎える頃にはその心配事に対する不安をコントロールし、そして本番では立派な成果を収めたのです。

そんなA子さんですが、次にまたみんなの前で発表を行う時には、同じ不安におそわれてしまいます。「前にもうまくいったし、今度もうまくいく」とは安易に考えない防衛的悲観主義者は、悪い事態を予想することで不安になってはしまいますが、その不安を否定するのではなく逆に利用してやる気を高め、悪い事態を避ける最大限の努力をすることで目標達成につなげるのです。

防衛的悲観主義者は真の悲観主義者とは違う

ただし、悲観主義者がみんな、防衛的悲観主義者というわけではありません。防衛的な働きをしない、ただの悲観主義者もいます。

では、ただの悲観主義者（ここでは「真の悲観主義者」と呼ぶことにします）と防衛的悲観主義者の違いは何でしょうか？

違いを考えるためには、まず、両者で同じところを見つけておく必要があります。両者ともに悲観主義には違いありませんので、試験で悪い点数をとるだろうとか、試合で失敗するだろうとか、友人関係はうまくいかないだろうとか、自分のこれからの行動の結果について、悲観的に予想します。あらかじめ失敗を予想することで、不安を和らげるというプロセスは、真の悲観主義者も防衛的悲観主義者も変わりはありません。

両者の決定的な違いは、先に説明した、予想できる最悪の事態を見越して、それを避ける最大の努力を行うというプロセスにあります。つまり、これから行うことに対して、防衛的悲観主義者は入念に準備をしますが、真の悲観主義者は準備することはありません。

そのため、防衛的悲観主義者は成功しやすいですが、真の悲観主義者は成功しにくいのです。

また、行動の結果、成功したときのとらえ方も両者では異なります。

何かがうまくいった（たとえば、努力して試験の成績が良かった）とき、防衛的悲観主義者はその結果をきちんと受けとめますが、真の悲観主義者は受けとめません。具体的には、「その結果はたまたまだよ」とか「何かの間違いに違いない」と考え、現実を正しく受け入れないのです。

何かがうまくいかず、失敗したときも、両者の捉え方は異なります。真の悲観主義者は、自分が失敗したときには「自分の能力が足りないからだ」とか「どうせ努力なんかしたって、何にも変わらない」と考えます。クヨクヨ考えるだけで、次（未来）に向かって動き出そうとはしません。

一方で、防衛的悲観主義者は、失敗したときにはその現実をきちんと受けとめ、同じ失敗を二度とくり返さないように、将来の目標に向けて万全の準備をします。

防衛的悲観主義は、いわゆる悲観主義者のように、過ぎ去ってしまったことを決してクヨクヨ考えるのではなく、常に未来（目標）のことを考えているのです。

防衛的悲観主義者はポジティブに考えるとうまくいかない

ところで、「物事を悪いほうへ考える」ことで成功している防衛的悲観主義の人が、こうした悲観的思考をやめたらどうなるのでしょうか。

たとえば、これから重要な場面（テスト、試合、発表など）を迎える防衛的悲観主義の人に「クヨクヨするな。ポジティブに考えよう！　きっとうまくいくよ」と勇気づけたとします。あるいは悲観的思考から離れさせるために、何か気晴らしをさせたとしましょう。悲観的に考えなくても、これまでと同じようなパフォーマンスをあげることはできるのでしょうか？

そのことを調べるために行った心理学の実験を紹介しましょう。

まず、アンケート調査によって参加者を防衛的悲観主義者と楽観主義者に分類します。その後、参加者を「失敗イメージ」、「成功イメージ」そして「リラクゼーション」の三つの条件のどれかにランダムに割り当て、それぞれ異なるイメージ・トレーニングを行ってもらいました。

「失敗イメージ」では、パフォーマンスのすべての場面を想定させ、さらにどんなミスをしそうか、もしそのミスをしたら、どうやってそれをリカバーするのかまで思い描いてもらいました。

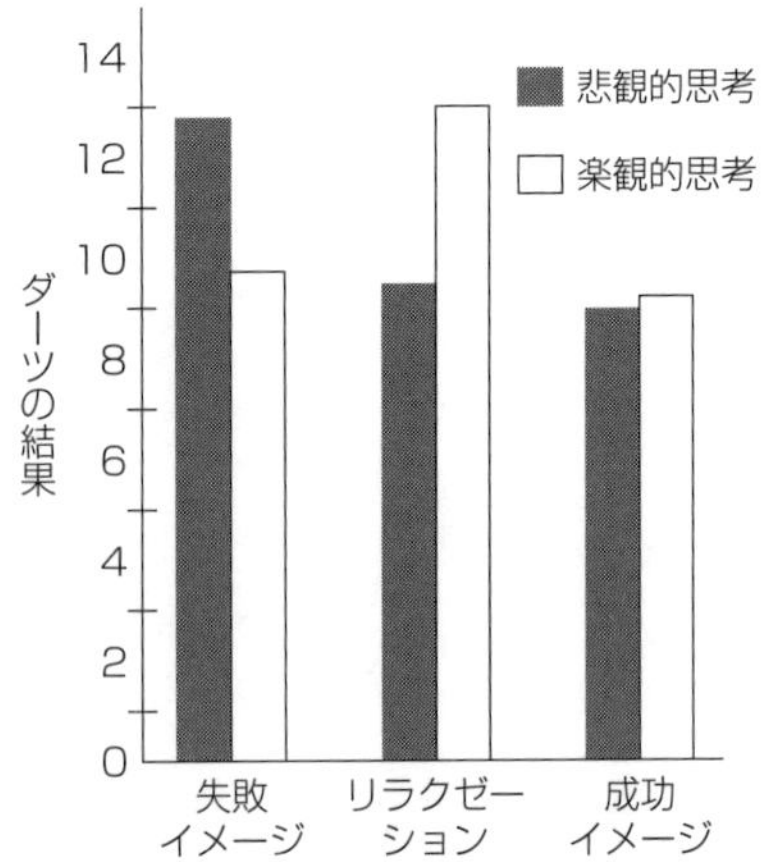

図 5-1　防衛的悲観主義者と楽観主義者の各条件によるダーツの成績

出典：Spencer, S. M., & Norem, J. K. (1996). Reflection and distrac: Defensive pessimism, strateg optimism and performance Personality and Social Psych Bulletin, 22, 354-365.

これは、防衛的悲観主義の考え方に近いものです。

「成功イメージ」では、スポーツ選手が本番前に頭の中で完璧な動きをイメージ・トレーニングすると、それに対応する運動機能が強化されて、自然に正確な動きが出せ、より良いパフォーマンスにつながるように、完璧なパフォーマンスを鮮明に想像してもらいます。

最後に「リラクゼーション」では、パフォーマンスについては考えないようにして、筋肉をすみずみまで弛緩《しかん》させ、くつろいでもらいました。この実験では、そのために太陽の輝く南国のビーチで、温かい砂に身を沈めている場面を思い描かせるような「リラクゼーション・イメージの音楽」を流しました。このテクニックもスポーツ選手のパフォーマンスを向上させるためによく使われるものです。そこでは、癒しの音楽を聴いたり、リラックスしている自分の姿を思い描いたりします。

その後、参加者にはダーツをやってもらい、その成績を比較しました。もちろん、成功、失敗のイメージについては、ダーツをイメージしてもらっています。

それでは、その結果はどうだったのでしょうか。

図5－1を見てください。

ダーツの成績自体は防衛的悲観主義者も、楽観主義者も変わりありませんでした。そのため、ここに表れている差は、それぞれの条件の違いということになります。

グレーの棒グラフで示されている防衛的悲観主義者をみると、「失敗イメージ」条件において、ダーツの成績が最も良かったことがわかります。

一方で、楽観主義者（白の棒グラフ）は、「リラクゼーション」条件において、ダーツの成績が最も良かったのです。

防衛的悲観主義者が、悲観的思考をせずにダーツ投げを遂行すると（成功をイメージしたり、何も考えないでダーツ投げに臨むと）、途端にパフォーマンスが落ちることがわかりました。

このような結果は、別の心理学の実験でも明らかにされています。「あなたの実力なら、これから行う課題の成績は良いはずです」と実験者から勇気づけられた防衛的悲観主義者は、そのように勇気づけられなかった防衛的悲観主義者よりも、課題の成績が悪かったのです。

さらに、中学生を対象にして私が行った調査でも、防衛的悲観主義者がこれから迎える定期試験に対して、「試験は良い成績だろう」と楽観的に考えると、定期試験の成績が悪く、楽観的に考えないと（悲観的に考えると）定期試験の成績が良かったのです。

こうした一連の研究結果からいえることは、防衛的悲観主義者は楽観的になるとできが悪くなり、悲観的なままでいるほうができが良いということです。ポジティブだからといって、みんなうまくいくわけではないのです。

「クヨクヨするな。ポジティブに考えよう。きっとうまくいくから！」と楽観的に考えさせることが、防衛的悲観主義者にとっては、逆に弊害になるのですね。

また、これとは反対に、楽観主義の人に、これから起こる出来事を悪いほうに想像してもらい、洗いざらいのディテールを思い描かせると、途端にパフォーマンスが下がります。

その人に合ったやる気の高め方

成功するためには、積極的になることが大切です。

しかし、防衛的悲観主義者のように、つねに物事を悲観的にとらえる人に「ポジティブに考えようぜ」と言っても、ポジティブに考えられるはずがありませんし、不安なときに無理にポジティブに考えようとすると、裏目に出やすい。

ここからいえることは、ポジティブ思考が万能ではないということです。人はそれぞれ違いますし、ある人に効くものが、ある人には効かないかもしれません。

楽観主義者と悲観主義者とでは、目標に向かう際の心理状態が大きく違います。楽観主義者は不安を感じることが少ないのに対して、悲観主義者は不安を持ちやすい。

楽観主義者は、不安をよせつけない作戦を必要とし、悲観主義者は、不安を効果的にコントロールする作戦が必要になってきます。

そこで、前者は、あまり考えたり悩んだりしないようにすることがベストですし、後者は、予想できる最悪の事態を想像し、それを避ける最大限の努力をすることがパフォーマンスをあげるに際して有効です。

この章のなかで、私は「やる気を高める原動力は、人によって違うのではないか」ということを述べました。悲観的な思考は悪であるとこれまで考えられてきましたが、防衛的悲観主義者は、失敗するかもしれないと悲観的に考えることで、やる気を高めているのです。「失敗するかもしれない。じゃあ、失敗しないようにがんばろう」といった具合に。

さて、あなたは楽観主義者ですか。それとも防衛的悲観主義者ですか。もちろん、どちらでもないという人もいます。

もしあなたが防衛的悲観主義者であるならば、無理にポジティブになる必要なんてありません。正々堂々（！）とネガティブ思考を続ければよいのです。

第六章　やる気がなくなったとき

失敗や挫折は、少なくとも一時的にはすべての人を無気力な状態にします。失敗や挫折を経験すると、打ちひしがれ、将来の見通しは暗くなり、何もする気になれません。完全にやる気がなくなった状態になってしまうこともあるでしょう。読者のみなさんもそういった経験があるのではないでしょうか？

でも、そういったやる気がなくなった状態からほんの数時間で立ち直る人もいれば、何週間もあるいは何カ月も無気力な状態のままの人もいます。

なぜ、こうした違いはうまれるのでしょうか。

これまでの章では主に、心理学の研究をもとに、やる気を高めるにはどうすればよいか、について解説してきました。そこで、最後の第六章では、反対に、どうして人はやる気が低い状態、言い換えると、無気力な状態になるのかをみていくことにします。

三つのM

みなさんは、3M（三つのM）って聞いたことがありますか？

私が大学生の頃（数十年前のことになります）、この「3M」という言葉が流行りました。

この3Mというのは、「無気力（Mukiryoku）」、「無感動（Mukando）」、「無関心（Mukanshin）」のことを指しました。

数十年前に、「今の若者は、3M（無気力、無感動、無関心）におちいりやすい」と揶揄《やゆ》されていたことがあったのです。それは、無気力やうつといった、やる気が低い状態におちいった若者、あるいはおちいる可能性が高い若者が、たくさんいるように思われたからです。でも、これは、数十年経った今も、あまり変わっていないようにも思います。

みなさんのまわりにも、やる気のない無気力な人（小学生や中学生、それからもちろん高校生や大学生、そして大人）はいるでしょうし、やる気のない様子を見たことがあるでしょう。もしかすると、あなた自身がそうかもしれませんね。

でも、やる気のない無気力な赤ちゃんを見たことがある人はいるでしょうか？　おそらくそういった赤ちゃんを見たことがある人はいないでしょう。歩き始めの赤ちゃんは、何度転んで痛い思いをしても猛然と立ち上がり、くじけることも飽くこともなく、さらに一歩を歩みだそうとします。小さな子どもは、走ったり、飛び跳ねたり、つかんだり、落としたり、飽きることなくただ何かを〝する〟ことに動機づけられています。赤ちゃんや小さな子どもたちは、無気力とはほど遠い状態にいるのです。

このことからいえることは、最初から無気力な人間なんていないということです。

それでは、人はどのようにして、無気力な状態におちいってしまうのでしょうか。

無気力になった犬たち

無気力になる過程を考えるために、心理学者のセリグマンが行った、犬を対象にした

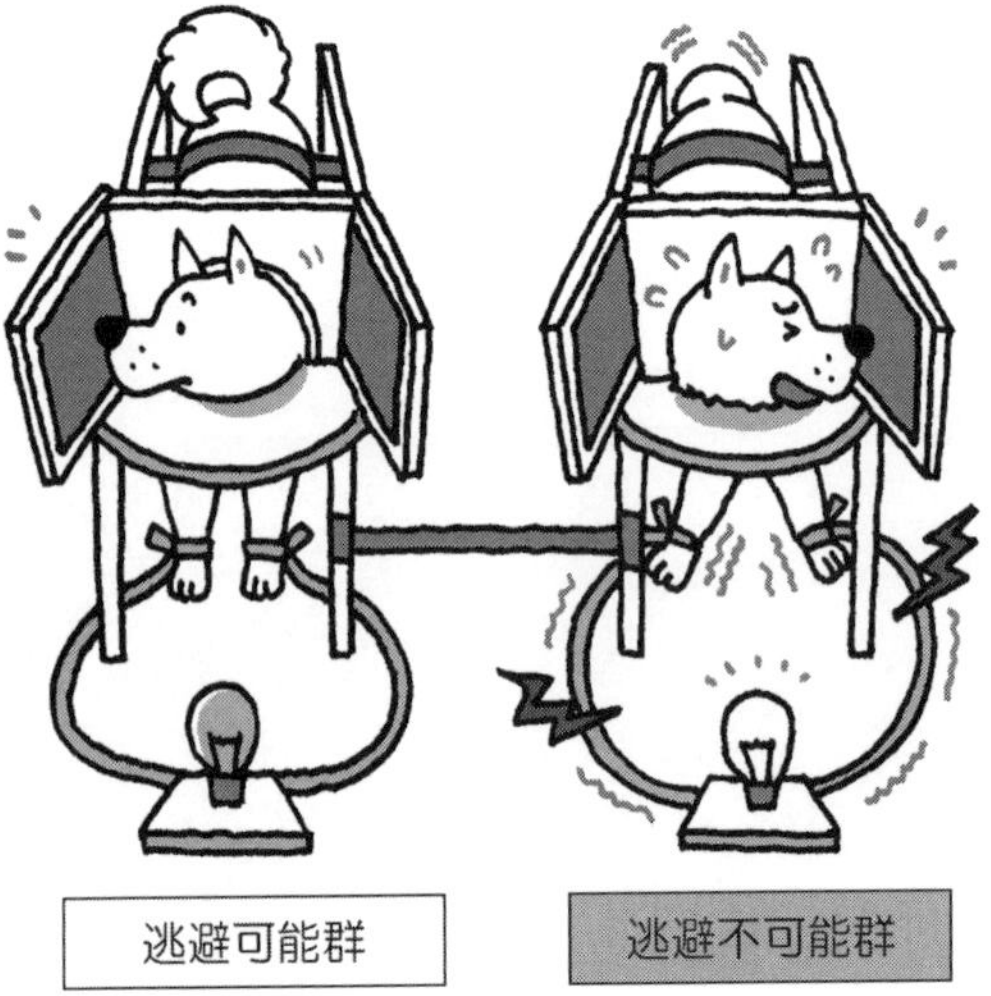

図 6-1　逃避可能群と逃避不可能群の犬

実験を紹介します。

図6-1をご覧ください。

この実験では、二つのタイプにわけて、犬に電気ショックを与えます。一つのタイプは、犬が頭を動かして顔の横にある反応パネルにふれると、電気ショックが止まるようになっています。もうひとつは、なにをやっても電気ショックをとめることができないようになっています（これは五〇年以上前の実験で、現在ではこうした動物にショックを与えるような実験は倫理上の問題から実施されなくなっています）。

前者を「逃避可能群」として、後者

を「逃避不可能群」として、その反応の違いを比較しました。

さらに、この実験では、「逃避可能群」と「逃避不可能群」の実験装置はつながっていて、もし「逃避可能群」の犬が、反応パネルにふれて電気ショックを止めることができたなら、「逃避不可能群」の犬も電気ショックを受けないですむようになっていました。

つまり、「逃避不可能群」の犬が電気ショックを避けられるかどうかは、逃避可能群の犬の行動に依存していることになります。ここで注意すべきは、「逃避可能群」と「逃避不可能群」どちらも、電気ショックを受ける量は全く同じである点です。

次に、「逃避可能群」と「逃避不可能群」の犬に、別の課題を行ってもらいました。それは、一〇秒間の信号の後、床から電気が流れてくるのですが、犬の肩くらいの高さの衝立《ついたて》を飛び越えて隣室へ逃避すれば、電気ショックを受けずにすむというものです。

その結果、先の実験で自分で電気ショックを止めることができた「逃避可能群」の犬は、信号があればすぐさま隣室へ逃避しました。一方、自分では電気ショックを止めることができなかった「逃避不可能群」の犬は、隣室へ逃避しようとせずに、いつまでもじっとうずくまり、ひたすら電気ショックを浴び続けていたのです。何も行動しなくなってしまう、つまり、この犬たちは、すっかり無気力な状態におちいってしまいました。

二つ目の実験では、「逃避不可能群」の犬たちも一つ目とは異なり、ぽんっと衝立を飛び越えて向こう側に行けば、電気ショックを受けずにすむのに、そうはしない。衝立を越えることは、犬にとって、それほど難しいことではありません。実際、「逃避可能群」の犬は、向こう側に飛び越えて、電気ショックから逃れることができたのですから。しかも、最初の実験で受けた電気ショックはどちらも同じ量だったので、そこには違いはありません。

では、その行動の違いはなぜ生まれたのでしょうか？　どうして「逃避不可能群」の犬は無気力になってしまったのでしょうか？　ここに人が無気力になってしまうヒントがあります。

無気力は学習される？

一つ目の実験の際、「逃避不可能群」の犬も、何とか電気ショックから逃れる方法はないかと、頭を動かして反応パネルを押したり、手足をばたばたさせたり、体をよじったりと、ありとあらゆる行動を試しました。

それでも、自分の行動とは関係なく、電気が流れてきます。しかも「逃避可能群」の犬たちがパネルを押すと、電気が流れてこなかったりするので、とても混乱したことでしょう。

一つ目の実験を終えた「逃避不可能群」の犬は、こう思うはずです。「自分の動きと電気ショックの有無との間には何の関係もないのだ」、「自分がいくら何をやっても無駄なんだ」と。

ちょっと難しい言い方をすると、これは「行動と結果の間に随伴性がない」と表現します。ここでの結果は、電気ショックから回避できることを指します。反対に、「逃避可能群」の犬のように、反応パネルを押すと、電気ショックを回避できるような状態を「行動と結果の間に随伴性がある」といいます。

「逃避不可能群」の犬のように、行動と結果との間に随伴性がない課題を動物や人に課すと、解決へのあらゆる努力が功を奏さないので、「何をしても無駄だ」という無力感が学習されます。それは、いま直面している課題に対してだけではなく、その後の容易に解決できる課題にも影響を及ぼします。このように解決できる課題であっても解決しようとしなくなる現象を、心理学では「学習性無力感」といいます。

とても怖い現象ですよね。だって、ひとたび無気力が学習されると、いま直面している課題に対して何もしなくなるだけではなく、将来の課題に対しても無気力になってしまうのですから。

学習性無力感の考えによれば、無気力状態になって自分から何も行動できなくなってしまった人は、もともと無気力だったわけではなく、逃避不可能群の犬と同様に、過去に自分の努力がなんら結果に結びつかない経験をしたため、そのような状態におちいっているのです。

たとえば、いくら勉強しても、一向にそれが実を結ばなかったら、「勉強することと成績の間には何の関係もないんだな」、「自分がいくら努力しても無駄なんだな」と思い、無気力を身につけてしまう。そう、無気力は学習されるのです。

無気力状態におちいりやすい者とそうでない者

先ほどの実験で犬に見られた学習性無力感という現象が人間にも見られるかどうかを確認するため、学習性無気力の実験は、しだいに動物から人間へと対象を移していきました。

そうはいっても、人間を対象に実験を行う場合は、先ほどの実験をそのまま応用することはできません。

そこで、先の実験と似たような次の実験が行われました。実験参加者（人間）をある部屋に連れて行き、そこで大音響で騒音をならします。部屋は二つあって、複雑なボタンを正しい組み合わせで押すと音を止めることができる「逃避可能群」の部屋と、どんな組み合わせでボタンを押しても音が止まらない「逃避不可能群」の部屋です。その部屋で一定時間過ごしてもらった後に、二つ目の課題を行ってもらいました。

二つ目の課題では、どの部屋でも、複雑なボタンを正しい組み合わせで押すと、騒音を止めることができるというものでした。

犬の場合と同じように、二つ目の課題での行動を「逃避可能群」と「逃避不可能群」とで比較した結果、「逃避不可能群」では、三分の一の実験参加者が大きな音を止めるような行動に出なかったことがわかりました。つまり、先ほどの犬と同じように、無気力が学習されたのです。

しかし、実験に参加したものの全員が無気力状態になるわけではありませんでした。逃避不可能群の三分の一ほどは、無気力状態にはならなかったそうです。

また、無気力状態になった人たちのなかでも、すぐに元の状態に戻った人もいれば、ずっと回復しない人もいたそうです。このように、無気力状態へのおちいりやすさ、それからの回復の違いには、個人差が見られることがわかったのです。ここが動物と人間の違いなのでしょう。

このような結果を踏まえて、それ以降の心理学では、「誰が簡単にあきらめ、誰が決してあきらめないのか？　そしてそれはなぜだろう」ということに関心が移っていきました。

説明スタイルとは

先ほど紹介した犬の実験を行った心理学者のセリグマンは、無気力状態に関する個人差を、人がもっている「説明スタイル」の違いで説明しました。説明スタイルについては、後で詳しく解説しますが、自分に起こった出来事をどのように説明する（捉える）傾向があるのか、という人の性質になります。

では、説明スタイルについて解説する前に、読者のみなさんが、どのような説明スタイルの持ち主であるのかを、確認してみましょう。

友だちにあなたが傷つくようなことを言われた時、あなたはどう考えるかを想像してみてください。

ここでは、次の二つの選択肢のなかから選んでください。

A　友だちはいつも人を傷つけることを平気でいう。

B　友だちは虫の居所が悪くて、たまたま私に当たったのだ。

選択肢Aのように、起こってしまった悪い出来事を、「いつも」とか「決して」という言葉で考え、いつまでも続くと思っている人は、「永続的な」説明スタイルをとっていることになります。

一方、選択肢Bのように、「たまたま」とか「時々」という言葉で考え、状況を限定し、悪い出来事は一過性のものであると考える人は、「一時的な」説明スタイルをとっていることになります。

このように、なにかの出来事の理由を説明しようとする際の態度を「説明スタイル」というのです。この質問では、説明スタイルのうち出来事の「永続性」について尋ねたものになります。

すぐにあきらめて無気力状態になりやすい人は、自分に起こった不幸は長く続くもので、いつまでも自分の人生に影響を与えるだろうと考えてしまいがちです。「説明スタイル」でいうと、永続的であるといえます。

逆に、無気力状態になりにくい人は、不幸の原因は一時的なもので、長くは続かないと信じています。このように考える人は、一時的な説明スタイルの持ち主になります。

ではもう一つ、「ある人に告白したがフラれてしまった」という出来事を想像してみましょう。あなたは次の二つの理由のうち、どちらのせいだと考えますか？

A　私には身体的な魅力がないので、フラれたのであろう。
B　私には魅力を感じるものが全くないので、フラれたのであろう。

この質問は、説明スタイルの「普遍性」の側面について、尋ねたものです。普遍性の側面は、「限定的」な理由によるものか、それとも「全般的」な理由によるものか、にわけられます。

選択肢Aのように、限定的な（特定の）説明をする人は、ある分野では無気力になるかもしれませんが、他の分野ではしっかりと歩み続けることができます。たとえば、自分には身体的な魅力はないかもしれないけれど、その他の面では良いところがある、と捉えているのです。身体的な魅力について落ち込むことはあっても、それ以外の分野で無気力になることはありません。

一方、選択肢Bのように、自分の失敗に普遍的な説明をしてしまう人は、ある一つの分野で挫折するとすべてをあきらめてしまい、無気力が一般化してしまいます。

私たちが不幸な出来事を経験しても無気力状態にならず、希望を持って生きていけるかどうかは、説明スタイルの二つの側面、つまり、永続性と普遍性にかかっているのです。

無気力への分かれ道

それでは、先ほど紹介した人間を対象にした学習性無力感の実験と説明スタイルがどのような関係にあるのかみていきましょう。

再度確認すると、「逃避不可能群」の実験参加者は、どんな組み合わせでボタンを押しても、騒音を止めることができませんでした。そして、こうした状況に置かれたときに、無気力状態になる人と無気力状態にならない人がいました。

その違いは、その人の説明スタイルの違いに基づいています。無気力状態にならなかった人は、どんな組み合わせでボタンを押しても騒音がなり響くという状況を、「この嫌な状況は、すぐに終わるだろう」と考えていた、つまり、一時的な説明スタイルをとっていたのです。

また、「複雑なボタンを正しい組み合わせで押すといった、このような課題は苦手なんだよな〜」といったように、限定的な説明スタイルをとっているのです。これは、この課題（のみ）が苦手なだけであって、他の課題は苦手としていないことを意味します。そのため、限定的な説明スタイルをとっている人は、別の課題を出された時には、無気力状態におちいることなく取り組むことができます。

一方、どんな組み合わせでボタンを押しても騒音がなり響くという嫌な状況に対して、無気力状態になった人は、「この嫌な状況は、いつまでも続くだろう」といったように、永続的な説明スタイルをとっていました。そのため、二つ目の実験でもずっと続くと考えて、騒音を止めようとはしなかったのです。

あるいは、この人たちは「このような課題だけでなく、他の課題も自分にはできない。自分は何もできない」といったように、普遍的な説明スタイルをとり、無気力状態におちいるのです。

嫌な出来事を同じように経験したとしても、無気力状態になる人とそうならない人がいるのは、ある出来事をどのようにとらえる傾向にあるのかといった説明スタイルの違いによるのです。

物事は考え方次第

さて、みなさんは、先ほどの二つの質問において、どのような説明スタイルをとっていましたか?

悪い出来事をどのように捉える傾向にあるのかといった説明スタイルは、みなさんがこれまで身につけた長年の習慣(くせ)によるものなので、すぐに変えるのは難しいかもしれません。でも、無気力になりにくい説明スタイルをとるような習慣を意図的につけることは、できるのではないでしょうか。

そのためにまず大事なことは、自分がどのような説明スタイルをとっているのかに気づくことです。説明スタイルは、知らず知らずのうちに身についてしまうものなので、意識しないと、自分がどのような説明スタイルをとっているのか、なかなか気づくことができません。

自分が常日頃、無気力になりやすい説明スタイルをとっていることに気づいたのならば、それとは違った理由を考える習慣をつけるように、心がけてみるとよいですね。

考え方次第で人生のあらゆる出来事の捉え方は変わってきます。

たとえば、「テストが一週間後にある」という、おそらく多くの人にとって嫌な出来事に対して、みなさんはどのように考えますか？

「あ〜あ、テストか。勉強をしなくてはいけない。嫌だな……」と考えてしまった時点で、不安や憂うつな感情におそわれ、胸がしめつけられるような身体的反応を経験するかもしれません。そうなると、嫌々ながらテスト勉強に取り組むことになります。

しかし、「テストが一週間後にある」という同じ出来事に対して、「テストは知識を得るチャンスだ！」と考えてみたらどうでしょうか（これは、第二章で紹介した「勉強って大事だと思う作戦」になります）。何だか、やる気がわいてきませんか？

続いて、「大きな失敗をした」という時には、みなさんはどのように考えるでしょうか。

「恥ずかしい……。もう何もかも終わりだ」と考えてしまったら、本当に終わってしまうかもしれません。一方で「失敗は成功の第一歩だ。失敗から学ぶこともたくさんある。それに一度失敗したからといって、すべてが終わるわけではない」と考えてみたら、どうでしょうか？

私たちの周りの景色は、考え方次第で違って見えてきます。同じ一時間であっても、「もう一時間しかない」と考えるよりも「まだ一時間もある」と考えるほうが、その一時間の使い道は変わってくるでしょう。ただし、人によっては、「もう一時間しかない」と考えたほうが、やる気が出るかもしれません。たとえば、第五章で紹介した防衛的悲観主義者のように。

あなたが抱えるやる気の問題も、出来事や事象をどう捉えているのか、といった考え方に起因しているのかもしれません。

無気力になりにくい説明スタイルを身につければ、人生によくある挫折に対してもっと肯定的に対処できるようになりますし、大きな失敗からも以前よりはずっと早く立ち直れるようになります。勉強でもスポーツでも仕事（バイト）でも、もっと良い成績を上げられるようになり、長い目で見れば健康状態も良くなるのです。

やる気がわいてくるのも、無気力状態におちいってしまうのも、それはあなたの考え方次第なのかもしれません。

おわりに

この本を最後まで読んでくださったみなさん、ありがとうございました。

この本では、やる気を上手にコントロールするコツについて紹介してきましたが、みなさんの感想はいかがだったでしょうか。少しでもみなさんのお役に立てることを願っています。

さて、最後に、第六章で紹介したセリグマンの犬の実験の話に戻って、この本を閉じたいと思います。

セリグマンの犬の実験の内容を聞いて、みなさんはどう感じましたか？

私は、前にも述べた通り、「無気力が学習されるなんて怖いな」と思うと同時に、「何て非道な実験なんだろう」と感じました。「犬を無気力にさせるなんて、セリグマンは何てことをしたのだろう」と。

それから、無気力になった犬が、その後どうなったのかが気になりました。ずっと無気力状態のままなんて、かわいそうじゃありませんか。なので、その当時（大学生の頃です）、セリグマンが書いた英語の本を一生懸命に読み漁《あさ》りました。

そうすると、セリグマンの研究は、無気力状態を作り出すことにスポットライトが当てられることが多いのですが、実は無気力状態を治す方法にも取り組んでいたことがわかりました。

セリグマンは、無気力状態になった犬を、そのまま放っておいたわけではなかったのです。それを知って、心から安堵《あんど》したのを今でも覚えています。

セリグマンは、学習性無力感の実験によって無気力を身につけた犬たちに対して、衝《つい》立《たて》を飛び越えさえすれば、電気ショックから逃れる方法を学習させました。

もちろん、これらの犬は、無気力状態を学習させられたわけなので、最初は自ら動こうとは決してしません。それを根気よく、何度も何度も無理やりにでも衝立を飛び越えさせたのです。そうするうちに、犬たちは、しまいには自分で動きだすようになり、自分たちの行動に意味があることを悟ったのです！

セリグマンは、自分の行動によって状況が変わることをあらかじめ犬に教え込んでおくと、無気力状態になってしまうことを防げると気づいたのです。この効能は、「免疫づけ」と呼ばれています。

さらに、セリグマンは、生まれたばかりの幼犬の時に、自分の行動によって状況が変わることを身につけさせると、一生、無気力状態に対する免疫がつくことも証明しています。

人間だって同じです。小さな頃から、自分が努力すれば何らかの変化が起こる経験を何度も積んでおけば、困難な状況に遭遇してもそれに立ち向かい、ちょっとやそっとでは無気力状態に追い込まれることもなくなるのです。

仮に、現在、無気力状態におちいっているように見える人だって、行動と結果の随伴性を感じることができるように、まわりがサポートしてあげれば、そこから脱出することはできるはずです。

やる気とは、「行動を引き起こす力」のことでした。そして、無気力状態というのは、行動を引き起こす力がなくなっている状態のことを指します。

行動を自ら引き起こす力がなくなっているときには、ルンバの充電が切れたときと同じように、ゆっくり充電していけばよいのです。

そして、どうしても自分では動くことができなくなっている人に対しては、その人に行動と結果の随伴性を感じさせるような、まわりからのサポートが重要になってきます。

行動と結果の随伴性を少しでも感じることができるようになると、学習性無力感の実験によって無気力を身につけた犬たちが再び動き出したように、その人たちも再びやる気を手に入れることができるはずだと、私は信じています。

読書案内

各章ごとにもう少し掘り下げたい方に向けて、次の本を紹介します。もし興味があれば、ぜひ手に取ってくださいませ。

第一章

やる気について体系的に学ばれたい方は、次の書籍がお勧めです。近年のモチベーションの一二の理論を詳細に紹介しています。

鹿毛雅治編『モティベーションをまなぶ12の理論――ゼロからわかる「やる気の心理学」入門！』金剛出版、二〇一二年

「やる気の正体」についてもっと専門的な知識を得るにはこちらをお勧めします。

櫻井茂男『自律的な学習意欲の心理学――自ら学ぶことは、こんなに素晴らしい』誠信書房、二〇一七年

第二章

「マシュマロ実験」に興味をもった方は、次の本を読んでみるとさらに理解が深まります。マシュマロを食べるのを我慢できた子、できなかった子のその後を半世紀にわたって追跡調査した結果が詳細に書かれています。

ウォルター・ミシェル、柴田裕之訳『マシュマロ・テスト――成功する子・しない子』早川書房、二〇一五年

第三章

特に、効果的な目標設定について、より専門的に知りたい方はこちらをどうぞ。

外山美樹『実力発揮メソッド――パフォーマンスの心理学』講談社、二〇二〇年

第四章

人間関係の側面からみたやる気について興味のある方は、次の書籍がお勧めです。

中谷素之編著『学ぶ意欲を育てる人間関係づくり――動機づけの教育心理学』金子書房、

二〇〇七年

第五章
この章で話題にした「防衛的悲観主義」についてもっと詳しく知りたい方は、この本に挑戦してみてください。
ジュリー・K・ノレム、末宗みどり訳、西村浩監修『ネガティブだからうまくいく』ダイヤモンド社、二〇〇二年

第六章
「学習性無力感」について専門的に学ばれたい方は、次の書籍がお勧めです。
C・ピーターソン他、津田彰監訳『学習性無力感――パーソナル・コントロールの時代をひらく理論』二瓶社、二〇〇〇年

ちくまプリマー新書

189 **ぼくらの中の発達障害**　青木省三

自閉症、アスペルガー症候群……発達障害とはどんなもの？　原因や特徴、対処法などを理解すれば、障害を持つ人も持たない人も多様に生きられる世界が開けてくる。

192 **ソーシャルワーカーという仕事**　宮本節子

ソーシャルワーカーってなにをしているの？　70年代から第一線で活躍してきたパイオニアが、自らの経験を迫力いっぱいで語り「人を助ける仕事」の醍醐味を伝授。

236 **〈自分らしさ〉って何だろう？**
——自分と向き合う心理学　榎本博明

青年期に誰しもがぶつかる〈自分らしさ〉の問題。答えを見出しにくい現代において、どうすれば自分らしく生きていけるのか。「自己物語」という視点から考える。

244 **ふるさとを元気にする仕事**　山崎亮

さびれる商店街、荒廃する里山、失われるつながり。転換期にあるふるさとを元気にするために、できることはなにか。「ふるさとの担い手」に贈る再生のヒント。

316 **なぜ人と人は支え合うのか**
——「障害」から考える　渡辺一史

障害者を考えることは健常者を考えることであり、同時に自分自身を考えること。なぜ人と人は支え合って生きるのかを「障害」を軸に解き明かす。

ちくまプリマー新書

080
「見えざる手」が経済を動かす
池上彰
市場経済は万能？　会社は誰のもの？　格差問題の解決策は？　経済に関するすべてのギモンに答えます！「見えざる手」で世の中が見えてくる。待望の超入門書。

094
景気ってなんだろう
岩田規久男
景気はなぜ良くなったり悪くなったりするのだろう？アメリカのサブプライムローン問題が、なぜ世界金融危機につながるのか？　景気変動の疑問をわかりやすく解説。

102
独学という道もある
柳川範之
高校へは行かずに独学で大学へ進む道もある。通信大学から学者になる方法もある。著者自身の体験をもとに、自分のペースで学び、生きていくための勇気をくれる書。

126
就活のまえに
——良い仕事、良い職場とは？
中沢孝夫
世の中には無数の仕事と職場がある。その中から、何を選ぶのか。就職情報誌や企業のホームページに惑わされず、働くことの意味を考える、就活一歩前の道案内。

253
高校生からの統計入門
加藤久和
データを分析し、それをもとに論理的に考えることは、現代人に欠かせない素養である。成績、貯蓄、格差など身近な事例を用いて、使える統計思考を身につけよう！

ちくまプリマー新書

011
世にも美しい数学入門
藤原正彦
小川洋子
数学者は、「数学は、ただ圧倒的に美しいものです」とはっきり言い切る。作家は、想像力に裏打ちされた鋭い質問によって、美しさの核心に迫っていく。

012
人類と建築の歴史
藤森照信
母なる大地と父なる太陽への祈りが建築を誕生させた。人類が建築を生み出し、現代建築にまで変化させていく過程を、ダイナミックに追跡する画期的な建築史。

029
環境問題のウソ
池田清彦
地球温暖化、ダイオキシン、外来種……。マスコミが大騒ぎする環境問題を冷静にさぐってみると、ウソやデタラメが隠れている。科学的見地からその構造を暴く。

038
おはようからおやすみまでの科学
佐倉統
古田ゆかり
毎日の「便利」な生活は科学技術があってこそ。料理も洗濯も、ゲームも電話も、視点を変えると楽しい発見がたくさん。幸せに暮らすための科学との付き合い方とは？

101
地学のツボ
――地球と宇宙の不思議をさぐる
鎌田浩毅
地震、火山など災害から身を守るには？　地球や宇宙の起源に迫る「私たちとは何か」。実用的、本質的な問いを一挙に学ぶ。理解のツボが一目でわかる図版資料満載。

ちくまプリマー新書

ちくまプリマー新書 373

勉強《べんきょう》する気《き》はなぜ起《お》こらないのか

二〇二一年四月十日　初版第一刷発行
二〇二四年二月十日　初版第九刷発行

著者　外山美樹（とやま・みき）

装幀　クラフト・エヴィング商會
発行者　喜入冬子
発行所　株式会社筑摩書房
東京都台東区蔵前二－五－三　〒一一一－八七五五
電話番号　〇三－五六八七－二六〇一（代表）

印刷・製本　株式会社精興社

ISBN978-4-480-68397-7 C0211 Printed in Japan